O PODER DA COMIDA

FILOSOFIA E ANTROPOLOGIA DA ALIMENTAÇÃO

Dados Internacionais de Catalogação na Publicação (CIP)
(Simone M. P. Vieira - CRB 8ª/4771)

Lody, Raul
O poder da comida: filosofia e antropologia da alimentação / Raul Lody. – São Paulo : Editora Senac São Paulo, 2024.

ISBN 978-85-396-4488-9 (Impresso/2024)
e-ISBN 978-85-396-4487-2 (ePub/2024)
e-ISBN 978-85-396-4415-5 (PDF/2024)

1. Culinária brasileira 2. Antropologia da alimentação 3. Alimentação – aspectos culturais e históricos I. Título

24-2485r CDD – 647.95
BISAC CKB099000
SOC002010

Índice para catálogo sistemático:
1. Gastronomia e nutrição   647.95

O PODER DA COMIDA

FILOSOFIA E ANTROPOLOGIA DA ALIMENTAÇÃO

Raul Lody

Editora Senac São Paulo – São Paulo – 2024

ADMINISTRAÇÃO REGIONAL DO SENAC NO ESTADO DE SÃO PAULO
Presidente do Conselho Regional: Abram Szajman
Diretor do Departamento Regional: Luiz Francisco de A. Salgado
Superintendente Universitário e de Desenvolvimento: Luiz Carlos Dourado

EDITORA SENAC SÃO PAULO
Conselho Editorial:
Luiz Francisco de A. Salgado
Luiz Carlos Dourado
Darcio Sayad Maia
Lucila Mara Sbrana Sciotti
Luís Américo Tousi Botelho

Gerente/Publisher: Luís Américo Tousi Botelho
Coordenação Editorial: Verônica Pirani de Oliveira
Prospecção: Andreza Fernandes dos Passos de Paula, Dolores Crisci Manzano, Paloma Marques Santos
Administrativo: Marina P. Alves
Comercial: Aldair Novais Pereira
Comunicação e Eventos: Tania Mayumi Doyama Natal

Ilustrações: Raul Lody
Fotos da Capa e Apoio à Pesquisa: Jorge Sabino
Edição e Preparação de Texto: Ana Luiza Candido
Coordenação de Revisão de Texto: Marcelo Nardeli
Revisão de Texto: Caique Zen Osaka
Projeto Gráfico, Capa e Editoração Eletrônica: Antonio Carlos De Angelis
Impressão e Acabamento: Visão Gráfica

Proibida a reprodução sem autorização expressa.
Todos os direitos desta edição reservados à
Editora Senac São Paulo
Avenida Engenheiro Eusébio Stevaux, 823 – Jurubatuba
CEP 04696-000 – São Paulo – SP
Tel.: 11 2187-4450
E-mail: editora@sp.senac.br
Home page: https://www.editorasenacsp.com.br

© Editora Senac São Paulo, 2024

Sumário

Nota do editor, 7

Prefácio (por Lucia Soares), 9

O PODER COMER

Com fome, não há paz, 15

Comida e território, 19

Ecologia em Gilberto Freyre, 29

Mercados, mercados & mercados, 35

Desglobalização e regionalização: a nova onda da comida, 39

A espetacularização da comida, 43

Caviar de quiabo, 47

O PODER DOS SABORES COM HISTÓRIA

Caju: uma fruta telúrica, 53

O bom ingrediente versus a junk food, 65

Farinha à mesa, 69

Com pirão, estética e território: o modernismo do Recife, 77

Farofa, divina farofa, 81

A senhora que cozinha: a iabassê, 85

É tempo de quiabo, 89

Caruru & carurus, 93

Tradições Congo-Angola: patrimônios sagrados e as comidas dos inquices, 97

Cuscuz do Magrebe: o ancestral do nosso cuscuz, 115

Feijoada: uma preferência nacional, 119

Os herdeiros do açúcar, 127

Nego-bom & Souza Leão: o bom do doce, 141

O veneno no sabor brasileiro, 153

Mastigando com Mário de Andrade, 157

Comida de aproveitamento: o caso do vatapá, 163

O **PODER PATRIMONIAL** DOS ALIMENTOS

Patrimônios culturais tradicionalmente não consagrados, 169

Comida & patrimônio ou Farinha pouca, meu pirão primeiro, 185

O melhor sabor das memórias, 197

Verde sagrado: folhas para a boca, folhas para o corpo e folhas para a alma, 201

"Estar de saia": roupa, identidade e tabuleiro, 209

Acarajé: comida e patrimônio do povo brasileiro, 213

Um olhar gastronômico sobre *Iracema*, de José de Alencar, 221

Os sabores ancestrais latino-americanos, 229

Manifesto colher de pau, 241

Sobre o autor, 245

Nota do editor

Nos últimos anos, muitos países e regiões manifestaram o desejo de consagrar alguma iguaria ou prato típico como patrimônio imaterial e cultural. Esse recurso tem como objetivo preservar e reconhecer um aspecto de uma identidade nacional, mas por que razão é tão importante? Raul Lody aborda esse e outros questionamentos em *O poder da comida: filosofia e antropologia da alimentação*.

Nos 32 textos reunidos para este livro, o autor descreve as muitas relações que podem ser estabelecidas com a comida, ingredientes e modos de preparo, desde as afetivas e memoriais até as sociais, patrimoniais e estruturais, que exemplificam e ilustram como a sociedade brasileira vem se constituindo desde a colonização, além de lançar luz para questões atuais e incômodas.

Com enorme satisfação, o Senac São Paulo reforça sua parceria com um dos mais renomados especialistas em antropologia da alimentação com esta obra que marca os cinquenta anos da publicação de seu primeiro trabalho.

Prefácio
LUCIA SOARES

No começo dos anos 2000, o mercado de alimentação de São Paulo passou por uma transformação muito significativa, marcada pelo surgimento de vários restaurantes que apostavam em conceitos e propostas alinhadas com as novas tendências gastronômicas. Algumas lojas de produtos e utensílios importados também abriram suas portas. Uma enxurrada de livros sobre gastronomia, cozinha e assuntos afins foi lançada, traduzida ou reeditada. Sem falar da importância que o assunto adquiriu nas pautas dos jornais, revistas e emissoras de TV. Paralelamente, ocorreu também a abertura dos primeiros cursos superiores de gastronomia, que atraíram muitos jovens que sonhavam se tornar chefs famosos, além de um público adulto que buscava conhecimento para gourmetizar sua cozinha.

Era o início de minha jornada paulistana como professora de confeitaria de um desses cursos. Na bagagem, trouxe a experiência como chef de confeitaria de dois resorts e de uma loja, e os primeiros livros que havia adquirido: *História da alimentação no Brasil*, de Câmara Cascudo, e *Açúcar*, de Gilberto Freyre. A partir de 2004, com *À mesa com Gilberto Freyre*, da Editora Senac São Paulo, a obra de Raul Lody passou a fazer parte de minha vida definitivamente. Seu legado é gigante, com cerca de setenta livros, entre eles alguns dos meus favoritos: *Brasil bom de boca* (2008), *Dicionário do doceiro brasileiro* (2010), *Caminhos do açúcar* (2011), *Vocabulário do açúcar* (2011) e *Doce Pernambuco* (2019). Minhas aulas de confeitaria brasileira tornaram-se mais interessantes com a possibilidade de enredá-las em seus textos. Também é da obra dele de que vou me valer, como outros tantos pesquisadores, em busca de suporte teórico para minhas pesquisas, acadêmicas ou não.

Agora Raul se lança novamente, para comemorar seus cinquenta anos de profissão, nos brindando com suas reflexões sobre o empoderamento da comida em *O poder da comida: filosofia e antropologia da alimentação*. Um livro delicioso dividido em três partes: "O poder comer", "O poder dos sabores com história" e "O poder patrimonial dos alimentos".

Na primeira parte, em que reflete sobre a oferta de alimentos, Raul não só aprofunda o tema sob diversos prismas, como também aponta o caminho para conquistar o estágio que considera ideal. Em "Com fome, não há paz", ele discute o poder comer diante da negação, da ausência, da insegurança alimentar que ainda atinge tantos milhões de brasileiros (apesar de a alimentação ser um direito assegurado), com consequências como desnutrição, perda de hábitos alimentares, ausência de paz, desencadeamento de conflitos e confrontos. Já em "Comida e território", a discussão versa sobre o poder comer na pluralidade étnica de nossas cozinhas regionais, o que cada região come e por quê, a comida como elo de pertencimento cultural e identitário. Em "Ecologia em Gilberto Freyre", por meio das ideias de Freyre, Raul observa o poder comer de acordo com a natureza de cada lugar e aquilo que cada um é capaz de gerar, tanto em relação às espécies nativas dos biomas como na relação do homem com o meio ambiente. "Mercados, mercados & mercados" nos mostra o mercado como um espaço de lazer, tradição e memória que viabiliza o poder comer como forma de comunicação lúdica e afetuosa, e que representa, de acordo com Raul, uma síntese do mundo, espaço de encontros, descobertas, interpretações, um umbigo da cidade capaz de comunicar produtos do terroir integrados aos hábitos alimentares de cada lugar. "Desglobalização & regionalização" condiciona o poder comer à oferta de comida de cada terra, assegurado pelo fortalecimento das cozinhas regionais e dos hábitos alimentares tradicionais, por meio da valorização do terroir e da agricultura familiar, bem como da patrimonialização de saberes e fazeres locais. "A espetacularização da comida" aponta para o novo sentido que a comida incorpora quando se reveste de status. Nesse caso, o poder comer está direcionado a quem de fato pode e quer pagar por um produto que já não é mensurado pelo valor real, mas pelo que é capaz de promover como experiência, e de comunicar de fantástico e emocional ao comensal. Em "Caviar de quiabo", Lody observa um fenômeno contemporâneo muito comum: a busca do mercado por atender, a qualquer preço, os mais diversos nichos da população. Nessa marcha, não há limite para a imitação, e poder comer torna-se possível pela obtenção de equivalências estéticas que utilizam uma mesma nomenclatura mas não passam de farsas alimentares.

Na segunda parte do livro, o leitor se depara com uma coletânea de crônicas em que Lody nos brinda com produtos e ingredientes importantes de nossa cozinha, com um olhar crítico, estético e poético, abordando especificidades de suas histórias e dos elementos culturais que lhes são próprios. Por entre mandiocas, tucupis, farinhas, farofas, pirões, milhos, quiabos, carurus, vatapás, dendês, cuscuzes, feijoadas, cajus e doces, transitam povos e divindades africanas, ameríndios, colonizadores, viajantes, antropólogos e filósofos estrangeiros, da mesma forma como emergem Gilberto Freyre e Mário de Andrade, reforçando a importância dos ingredientes locais, das técnicas artesanais, da expressão e memória de cada comida para a preservação de nossos patrimônios alimentares. Nessa parte, observo que Raul pretende alertar o leitor sobre a preservação da identidade alimentar por meio do conhecimento do passado histórico dos ingredientes e alimentos, tão enraizados em cada prato, potencializando seus sabores e contribuindo para reforçar cada cultura alimentar. Conhecer a história dos sabores para resistir!

Na última parte, Lody argumenta sobre a importância da patrimonialização da comida como saída para impedir processos de deslocamento e fragmentação de identidades culturais observados nas sociedades contemporâneas. Nesse sentido, Raul aponta a necessidade de "entender e educar patrimonialmente", pois, para ele, o patrimônio pertence a seu produtor e a seu grupo, como símbolo de um determinado contexto.

A dificuldade da salvaguarda na patrimonialização da comida é reconhecida, por abranger um "conjunto diverso e complexo de ações" que exigem "a decisiva compreensão dos contextos e lugares, aqui territórios, que, integrados, dão à comida o seu verdadeiro e fundamental significado". E o Registro do Patrimônio Cultural Imaterial é apresentado como uma importante missão do Estado, bem como a diplomação, "que toca em aspectos ideológicos, do direito cultural, da autoestima, da cidadania, da democracia, entre muitos outros valores estimados em contextos globalizados". Sem dúvida, os textos dessa terceira parte do livro promovem uma reflexão necessária e oferecem argumentos indispensáveis para um posicionamento pessoal.

O privilégio de poder ler, em primeira mão, o livro que comemora os cinquenta anos de trabalho deste célebre antropólogo já é muito mais do que eu poderia merecer. Imagine poder escrever sobre ele neste prefácio? São coisas que só passam na cabeça de pessoas generosas, como Raul Lody!

Lucia Soares *foi chef de confeitaria de resorts no Nordeste, professora de confeitaria em cursos de graduação e pós-graduação e consultora. Nos últimos anos, tem intensificado suas pesquisas sobre doçaria brasileira e contribuído com seus artigos para o site Museu do Açúcar e Doce.*

O PODER COMER

Com fome, não há paz
2022

São muitos os sentidos e os entendimentos que montam os significados da palavra paz; e isso mostra que há também uma diversidade de contextos para formalizar a construção desse conceito.

Paz é um comportamento, é uma ação, é uma experiência, é um momento; é uma intervenção ou ação que visa sanar um conflito; e tudo toca em todos os âmbitos das relações humanas. Além disso, é necessário entender que há diversas formas de manifestar e de identificar esse conceito chamado de paz. Um conceito subjetivo e histórico. A paz para viver individualmente ou integrado ao coletivo.

Ainda, a paz está relacionada à conquista dos direitos humanos fundamentais, entre os quais a comida ganha destaque: é o direito à alimentação, o direito de viver; de preservação da segurança e da soberania alimentar.

Porque a comida, o direito a uma alimentação segura no cotidiano, deve compor os lugares sociais das pessoas.

Contudo, esses direitos estão sendo desrespeitados de forma violenta na ausência de políticas de Estado. São argumentos políticos, são argumentos culturais, sociais e econômicos.

É o direito de ter soberania alimentar que determina as características culturais da alimentação. E assim é a escolha e a interpretação dos ingredientes nas suas muitas formas de manifestar identidade através da comida, em especial das que fazem parte das festas populares e religiosas.

O confronto com a fome toca no entendimento de paz. A paz está também no equilíbrio e no controle de fatores ambientais, educacionais, alimentares, sanitários e culturais, que são constituintes e determinantes dentro das relações sociais; pois a paz é um fenômeno complexo e, por isso, deve ser considerada na sua amplitude.

Entretanto, a paz não é uma experiência permanente. Historicamente, ela é efêmera, contextual. A paz não é uma ocorrência da natureza, ela é uma construção episódica e simbólica da sociedade.

A paz atende aos ritmos mais distintos de uma ordem vigente, de um sistema de poder, dos princípios de uma tradição religiosa, moral e ética. A paz carrega valores transitórios que estão relacionados às forças políticas, às hierarquias e às bases civilizatórias dos povos, o que inclui seus hábitos alimentares.

A paz é um princípio, um pensamento, um argumento. Paz na humanidade, paz na família, paz na alma. Ainda, paz para amenizar as desigualdades sociais. Paz para fomentar uma pedagogia que leve a mudanças sociais igualitárias.

A fome traz o sentido de confronto, como fenômeno de desnutrição e de ausência de nutrição, e a perda dos hábitos alimentares é também a perda do poder de manifestar alteridade.

Esse sentimento de confronto causado pela fome, pela carência, mostra que uma relação perversa entre a economia e o ser humano não produz paz. São muitos os fatores econômicos – commodities, políticas de abastecimento, estoques reguladores, inflação, desemprego – que promovem essa falta de paz dentro dessa anomia que vive o Brasil contemporâneo.

Assim, estar com fome gera um estado de violência na sociedade. A insegurança alimentar, que em 2021 chegou a quase metade da população do país, se amplia para o estado de fome, que atinge cerca de 30 milhões de brasileiros.

Fome gera conflito. Confronto não traz paz. Sem comida, não há paz. Sem políticas púbicas inclusivas, não há paz. Sem igualdade social no Brasil, não haverá paz.

Comida e território

2022

Sem dúvida, o açúcar e sua civilização compõem um importante território de interpretações de Gilberto Freyre sobre o Nordeste. Contudo, a obra de Gilberto, no âmbito da comida e do território, é muito mais ampla e quer entender outros sistemas alimentares para assim melhor entender o Nordeste.

Na revista *O Cruzeiro*, diz Gilberto Freyre (1951, p. 10):

> Venho há anos, tentando organizar um mapa culinário do Brasil em que se exprima uma geografia não da fome, mas da velha e autêntica glutoneria brasileira. Que entre nós existe glutoneria, sem deixar de haver fome. Existe a arte da boa cozinha, sem deixar de haver falta ou escassez de carne sangrenta, legume verde e até peixe fresco, para serem cozinhados de gostosas maneiras tradicionais e regionais.

Por um mapa que mostre a pluralidade de cozinhas, a biodiversidade entre tantos temas, de sentido e de valor patrimonial.

Continua Gilberto (1951, p. 10):

 Um mapa do Brasil fixando as principais especializações regionais da cozinha nacional, começaria com o sarapatel de tartaruga do Amazonas e a sopa de castanha do Pará: o Pará do açaí. Mas não pararia no açaí. Não ficaria no Pará. Viria até o churrasco sangrento do Rio Grande do Sul acompanhado de mate amargo. Incluiria o "barreado" paranaense. O lombo de porco mineiro. O vatapá baiano. O cuscuz paulista. O sururu alagoano. A fritada de caranguejo paraibana. O arroz de cuxá maranhense. O quibebe do Rio Grande do Norte. A paçoca cearense. O pitu pernambucano.

Gilberto vê, a partir de Pernambuco, uma diversidade e busca por um verdadeiro mapa que seja tão complexo quanto possível e mostre as diferentes bases étnicas que representam a variedade do que é a comida, ou o que é o "comer à brasileira".

Esse desejo de Gilberto é atual, tem suas bases na história social e econômica, e tudo isso se junta aos movimentos midiáticos do nosso século sobre a comida e sua glamourização.

O fenômeno globalizado da gastronomia, no Brasil e no mundo, aponta tendências, estilos, movimentos de consumo e da moda que são dominantes no nosso século.

A comida possibilita reconhecer um povo, um território, pois ela reúne ingredientes identitários, e assim mostra o seu mais profundo sentimento de pertença a uma cultura.

Nos anos 1950, Gilberto Freyre queria um mapa culinário do Brasil, para um entendimento de território, de meio ambiente, de sistemas alimentares, de povos e de culturas.

Com certeza, hoje, os conceitos de mapear são muito mais dinâmicos, para preservar atualidades que possam acompanhar as transformações do meio ambiente, os movimentos de populações como a dos refugiados das guerras e da intolerância religiosa, entre outras expressões sociais globais.

Assim, o entendimento de território, de "mapa" e de sistema alimentar deve ganhar uma leitura que traduza os momentos contemporâneos da história e de um mundo globalizado.

A vida social no Brasil nos meados do século XIX: tese de Gilberto Freyre que em 2022 celebra cem anos

> [...] para saber como vivia o povo, que trajos usava, que experiência tinha (Freyre, 2008).

Certamente, muito além da roupa – embora a roupa possa traduzir tantas referências quanto a comida, os hábitos alimentares, as escolhas dos cardápios do cotidiano e das festas, sagradas ou não –, são muitas as questões que a tese de Gilberto oferece para as descobertas desse Brasil entre as paredes das casas.

Em 2022, celebram-se os cem anos de *A vida social no Brasil nos meados do século XIX*, tese de Gilberto Freyre apresentada à Universidade de Columbia na qual ele expõe uma base e um conceito fiéis à construção da sua obra, trazendo o homem situado no trópico para que se possa entendê-lo na sua diversidade e na sua identidade, formando um novo olhar e um novo sentimento de nacionalidade a partir das relações sociais nos ambientes da multiculturalidade brasileira, com ênfase no Nordeste.

Gilberto assume um caminho autoetnográfico e se torna também protagonista dos seus relatos sobre a intimidade das casas patriarcais.

É um auto-olhar que recupera a sua ancestralidade patriarcal, tanto nos depoimentos de familiares quanto em um novo contexto, profundamente transgressor, que marca os anos 1920.

A busca por um entendimento de nação nos cenários mundiais e também a busca pelas matrizes da pluralidade etnocultural, pelos movimentos artísticos do surrealismo, do dadaísmo, do fauvismo, e das novas estéticas, dos novos contextos, causam alargamentos reais nas paredes de pedra e cal e nas paredes simbólicas dos limites e das possibilidades de tocar no outro, no diferente.

As descobertas de Gilberto dentro da sua história de vida e das suas relações na casa trazem descritivos que cruamente revelam os hábitos higiênicos, a sexualidade, o gênero e, em especial, as classes sociais, quase "castas". Em destaque, as relações sociais em bases econômicas para a afirmação de identidades e de papéis sociais tanto na casa patriarcal quanto nos contextos ampliados da região.

E assim fala Gilberto:

> Alfredo de Carvalho, por exemplo – para poderem comer, na velhice de fidalgos arruinados, o queijo-do-reino e a passa a que se haviam habituados nos dias de esplendor, terem precisado de vender móveis e livros raros, pratas e joias de família (Freyre, 2008).

Essa intimidade que Gilberto revela mostra um retrato direto, cru, dos muitos significados de viver na casa e da interação com as suas diversas ritualidades cotidianas e sua ruptura afirmativa, também ritual, das festas e do sagrado, bem como as funções de gênero na casa, os lugares hierarquizados de homens e de mulheres, a temporalidade dos papéis sociais que determinavam as funcionalidades de crianças e de velhos nas casas de pedra, de madeira, de ferro e de cal e nas casas simbólicas.

São revelações sobre a intimidade, sobre os verdadeiros sentidos de viver em família, nas ritualidades da casa, sobre hábitos que vão além do teatro social da igreja, da festa, das visitas, da comensalidade à mesa.

E diz Gilberto:

> [...] o quase secreto viver das alcovas, das cozinhas, das relações entre iaiás e mucamas, entre mucamas e ioiozinhos, entre pais e filhos [...] (Freyre, 2008).

A moral; o céu sempre em uma Igreja dominadora com os seus santos; os ancestrais representados nos seus retratos e que moram nos oratórios – lugares de trazer culto ancestral e histórias familiares.

A tese que celebra cem anos está em um processo de análise da *new history*, da história social e cultural, que vai além de fatos épicos, heroicos, nos quais a pessoa se torna o centro da história nas suas múltiplas relações humanas e sociais.

Nesse contexto, é importante citar um artigo de Gilberto publicado no *Diário de Pernambuco*, "Pirão: glória do Brasil", em que afirma como é necessário um monumento ao pirão, além de mostrar seu forte sentimento telúrico e moderno – profundamente moderno.

As experiências internacionais de Gilberto ampliaram o seu olhar de brasileiro para o Brasil e, em especial, para o Nordeste. É preciso estar no Brasil, e fora do Brasil, para entendê-lo.

A percepção histórica e a antropológica de Gilberto Freyre mostram as novas formas de ver os rituais secretos das casas, e assim organizam um modelo nacional. E isso também diz Braudel:

> [...] ao estudo do passado humano fazia-se necessário aplicar critérios diferentes dos convencionais (Freyre, 2008).

Essa construção de métodos e de conceitos da cultura, que atestam as singularidades e os temas da vida cotidiana, tem destaque no artigo de Gilberto, "Vida social no Nordeste brasileiro", publicado em 1925, por ocasião da celebração do primeiro centenário do jornal *Diário de Pernambuco*.

As pesquisas etnográficas (e autoetnográficas) de Gilberto Freyre reúnem amplos acervos sociais e culturais e estão organizadas nas suas obras fundamentais: *Casa-grande & senzala*, *Sobrados e mucambos* e *Ordem e progresso*.

Ainda em *A vida social no Brasil nos meados do século XIX*, Gilberto traz a imagem como uma forma sensível de linguagem para interpretar e mostrar os temas da cultura material.

> [...] reunir o analista sobre as épocas que vem procurando reconstituir, para as interpretar, todo o documentário litográfico e fotográfico que lhe tem sido possível reunir sobre pessoas, sobre casas, sobre móveis , sobre paisagens [...] (Freyre, 2008).

O entendimento de paisagem está nos entornos ecológicos representados, nas paisagens sociais, nas concepções urbanas, na arquitetura das casas e em suas interações com as pessoas.

Desse modo, nasce um processo generoso para entender o outro, um processo que transita pela diversidade, por aquilo que é diferente, e que busca a alteridade.

É preciso desafiar o olhar vitoriano vigente e orientador, que representa as relações sociais e familiares, e transgredir esses limites. Gilberto é um inovador, um revelador. Ele busca pelo outro para mostrar, através do seu olhar antropológico, um modelo de formação regional que está polvilhado de açúcar e de vícios na sexualidade. Há um catolicismo nas casas quase íntimo com os santos, quase promíscuo.

Todos esses temas fundamentais para o conhecimento da família patriarcal são ampliados em *Casa-grande & senzala*, em um roteiro para começar a entender o brasileiro.

Ainda, há questões referentes à mundialização, às relações comerciais, às maneiras de importar os hábitos para as casas, as roupas, as comidas, os comportamentos sociais, e à dinâmica das relações entre os gêneros; era a atualização do viver o moderno nas famílias patriarcais.

> [...] importação da Inglaterra, da França, de Hamburgo, de artigos elegantes de uso pessoal, de móveis e espelhos para as salas aristocráticas ou burguesas, de alimentos, de vinhos e cervejas e licores considerados finos e capazes de dar prestígio às mesas de casas de família [...] (Freyre, 2008).

Dessa forma, são aprofundadas as relações pelo consumo de bens para a casa e para os costumes pessoais. Vivem-se os confrontos com as bases etnoculturais formadoras do brasileiro.

> A [experiência] do homem situado que, podendo ser o situado no trópico, como é a do brasileiro e a de povos afins do brasileiro, pode ser caracterizada ou condicionada por outras ecologias. A do homem de origem hispânica ou ibérica – a quem se juntariam influências de sangues não europeus e de culturas extraeuropeias [...] (Freyre, 2008).

Há um outro olhar impressionista de Gilberto Freyre sobre todos esses processos sociais que definem e singularizam o brasileiro nos contextos econômicos selecionados, que têm a casa como lugar e cenário ideais para manifestar a vida e a cultura.

Os argumentos da cultura material na tese de Gilberto são fundamentais por mostrarem acervos, usos e funções nas casas.

> [...] brasileirismos sertanejos [...] as bilhas, os potes, as jarras, as cuias, os punhais, os cocos de beber água [...] os queijos, os vinhos, os cachimbos [...] (Freyre, 2008).

A cultura material, afirmada através da comida em Gilberto, mostra as suas escolhas e traz uma tradução, um argumento, que revela a identidade do brasileiro.

> Os trabalhadores dos grandes engenhos ou das fazendas patriarcais do Brasil dos meados do século XIX eram de ordinário bem alimentados e recebiam comidas dos senhores como se fossem – depõe um observador estrangeiro – uma "grande família de crianças". Tinham três refeições por dia e um pouco de aguardente de manhã.
>
> A primeira refeição constituía de farinha ou pirão, com frutas e aguardente. Ao meio-dia, faziam uma refeição muito substancial, de carne ou peixe. À noitinha, feijão-preto, arroz e verduras (Freyre, 2008).

E existem muitas outras leituras de Gilberto sobre as comidas e as suas muitas representações alimentares e simbólicas, para um melhor entendimento das casas e dos seus habitantes no contexto da família patriarcal.

> [...] os brasileiros, quando patriarcais, precisavam não somente de sala de visitas e de muitos quartos de dormir, mas de grande sala de jantar. Isso tanto nos sobrados das cidades como nas casas-grandes do interior. As famílias eram numerosas e gostavam de receber amigos para o jantar. Era nas mesas, nos grandes pratos cheios de gorda carne de porco com feijão-preto, de pirão, [...], de canjica, de pães doces, de doces, de bolos e de sobremesas frias, que os brasileiros mostravam sua melhor hospitalidade patriarcal [...] os patriarcas enchiam as mesas, especialmente [de] doces e cremes de frutas nativas, como laranjas, maracujás, goiabas e mangas (Freyre, 2008).

A comida, nas suas muitas formas de comunicação e de produção, representa também o método preferencial de Gilberto na sua tese, de base humanista e antropológica, sobre os cenários de um Brasil, no caso o do Nordeste, de Pernambuco, do Recife. E as relações familiares descritas por Gilberto são orientadoras e formadoras da sua busca pelo nacional brasileiro.

> Nos grandes engenhos de açúcar de Pernambuco, espalhados entre o Recife e o Rio Una [...] pequenas indústrias domésticas desenvolviam-se paralelamente às atividades agrícolas. Entre essas pequenas indústrias caseiras, a fabricação de vinhos de jenipapo, a preparação de charque, ou carne-seca, de queijo de coalho e de várias espécies de doces e de bolos (Freyre, 2008).

Esse brasileiro, na sua diversidade e na sua unidade social e econômica, é mostrado com e sem roupa na sua mais perfeita identidade tropical nordestina.

Agora, em 2022, a tese de Gilberto Freyre, que completa um século, apresenta-se tão atual quanto antes e traz um entendimento complexo a respeito da vida e da cultura; e tem também Gilberto como protagonista dessa história regional, brasileiramente pernambucana.

REFERÊNCIAS

FREYRE, Gilberto. Mapa culinário do Brasil. **O Cruzeiro**, Rio de Janeiro, p. 10, 24 nov. 1951.

FREYRE, Gilberto. Pirão: glória do Brasil. *In*: FREYRE, Gilberto. **Crônicas do cotidiano**: a vida cultural de Pernambuco nos artigos de Gilberto Freyre. Recife: Diário de Pernambuco, 2009.

FREYRE, Gilberto. **Vida social no Brasil nos meados do século XIX**. São Paulo: Global, 2008.

Ecologia em Gilberto Freyre

2000

Estética e biologia

Uma orientação estética abastece de maneira diversa e complexa o olhar seletivo de Gilberto Freyre perante o imaginário natural e de representações da cultura – imaginário que testemunha e nasce das relações sociais.

Aí vê-se emblematicamente a cana-de-açúcar convivendo com outras ocupações de uma botânica mundializada – contatos entre o Ocidente e o Oriente pela mão do homem português.

As rotas de Diogo Cão (1482), Bartolomeu Dias (1487), Vasco da Gama (1497), Gaspar Corte Real (1500), Pedro Álvares Cabral (1500), Francisco Serrão (1512) e Fernão de Magalhães (1519) fazem os contatos, descobrem e difundem culturas, introduzem novos hábitos de ver, de ser, de crer, transportam frutas, espécies vegetais diversas, intercambiam os continentes, aproximam os homens pelas diferenças.

Fruto desses contatos e de experiências do ato de colonizar é o abrasileiramento de costumes, tradições e organizações nos estilos de tratar, conviver e adaptar civilizações, fundando o jeito de ser brasileiro.

Certamente, essa é a rota preferencial de Gilberto Freyre para traduzir o Nordeste, Pernambuco, o Recife, o Brasil.

A pesquisa de campo, o estar em campo como maneira de fazer sociologia, antropologia e, no caso, ecologia, reflete forte influência de Franz Boas, antievolucionista e indicador de vertentes culturais para o entendimento complexo do homem e de sua sociedade.

Os jeitos já nacionais, regionalmente nordestinos, são trabalhados como soluções que indicam a formação de identidades, de padrões culturais, de encarar e de se relacionar com o mundo natural. São assim vistas, como avisa Gilberto, as chegadas etnoculturais do luso, do africano, dos relacionamentos com os autóctones. De qualquer forma, há uma sinalização de amor à terra.

As peculiaridades da região Nordeste e as destinações naturais do litoral, zona da mata, agreste e sertão oferecem distintas ocupações em um diálogo permanente entre o sol e a água. Em visão ancestral e mitológica. O masculino e o feminino. Uma relação em que os resultados idealizados são fertilidade, vida da terra, plantas, animais.

A morfologia botânica, os animais, as arquiteturas que pontuam a mata atlântica, as relações e as representações étnicas no trato com a natureza são reveladores de soluções estéticas profundamente integradas com a vida tropical. Há um reconhecimento do sol – luz dominante que escolhe cores primárias – juntamente com o branco para sinalizar e conviver com o verde dos canaviais e dos jardins-pomares com ruas arborizadas, com centenárias gameleiras.

 Sol agressivo este meu sol do Recife. Vejo-o quase esbofetear os estrangeiros, tal a intensidade da luz e de calor. [...]

Só quem goste de sol, vibre com o sol, sinta com o sol, pode verdadeiramente sentir, amar e compreender o trópico (Freyre, 1976, p. 20).

O verde circundante às casas e os jardins florestais ainda vistos no Recife e em Olinda são casos exemplares de concepções, de estética e urbanismo em prol da humanização da vida nas cidades.

> Conheci uma negra velha que toda tarde conversava com uma jaqueira como se conversasse com uma pessoa íntima (Freyre, 1976, p. 67-68).

A árvore é um monumento verde; algumas são sagradas e, assim, parte da natureza é sacralizada pelo homem, que atribui funções de deuses a certos espécimens botânicos.

A relação homem-árvore é ainda mantida em terreiros do Recife, como o Sítio de Pai Adão (ou Terreiro de Pai Adão), modelo do nagô tradicional, através de magnífica gameleira, que representa orixás e ancestrais do terreiro.

É telúrico o sentimento em relação ao verde, e ainda mais ao verde sagrado, o que categoriza e aciona uma consciência paisagística, eminentemente estética e cultural.

Vale destacar que a ecologia regional foi enfática e cientificamente tratada por Gilberto Freyre, em especial na obra *Nordeste: aspectos da influência da cana sobre a vida e a paisagem do Nordeste do Brasil* (1937), texto atualíssimo que oferece aos ecólogos meios e informações orientadoras da implementação de políticas e procedimentos valorativos do homem, da natureza e da região.

Conviver com o particular, o regional, o nacional e o internacional foi um caminho também escolhido por Gilberto para relativizar e ao mesmo tempo valorizar o Nordeste e o homem tropical.

O entorno tropical – luminosidade, clima, vegetação, hábitos, roteiros e ruas, o litoral, os rios, os tipos humanos, as cores da natureza e dos processamentos vindos das mãos do homem – integra a construção do ver, que não se isola do ouvir, do sentir, do perceber globalmente direções e soluções da região.

O sentimento humanista orienta para o entendimento do que é viver no trópico. É a geração de um método, de um caminho teórico e conceitual construído por Gilberto, daí a *tropicologia*.

Há na tropicologia uma proposta também estética. São escolhas, tipos, cores, produtos, alimentos, roupas, entre outros símbolos, que apontam as convivências e conivências de estar sob o sol, o sol dominante, o sol que indica comportamentos e maneiras de ser.

Por exemplo: é estética a valorização do coco – um símbolo tropical, símbolo também da cidade do Recife. Assim, Gilberto defende o coco como um marco das relações entre o Ocidente e o Oriente, supondo sua origem, a Índia.

 O próprio coco verde é aqui considerado tão vergonhoso como a gameleira, que os estetas municipais vêm substituindo pelo fícus-benjamim, quando a arborização que as nossas ruas, parques e jardins pedem é a das boas árvores matriarcais da terra ou aqui já inteiramente aclimatadas: pau-d'arco, mangueira, jambeiro, palmeira, gameleira, jaqueira, jacarandá (Freyre, 1976, p. 57).

A ecologia situada na compreensão regional e na harmonia cultural do Nordeste também expressa um valor estético de convivências e de preservação das espécies nativas e de outras trazidas da Ásia, da África e da Europa.

Certamente, os cuidados biológicos de preservação, manutenção de espécies, criação de áreas de proteção, políticas públicas e ações originais de diferentes segmentos da sociedade civil organizada têm compreensão plena e plural da ecologia, diga-se ecologia integrada à cultura, talvez melhor dizendo etnoecologia – uma maneira mais sensível de viver e entender a natureza.

Em 1937, em língua portuguesa, ecologia é o grande tema de que Gilberto opta por falar, criticando e alertando sobre questões que, ainda hoje, são de força e expressão. O título *Nordeste: aspectos da influência da cana sobre a vida e a paisagem do Nordeste do Brasil* já revela as intenções e os caminhos percorridos e vivenciados pelo autor.

As transformações do meio ambiente. Estilos de colonização, de formação da vida social brasileira. Componentes históricos e antropológicos unem-se em preocupações dominantes sobre a ecologia.

As diferentes simbolizações do homem no meio ambiente, escolhas e tratamentos estéticos para os materiais e usos no cotidiano, na festa e em outros rituais, servem para unir e selecionar contatos com o mundo verde, a natureza.

Para Gilberto, a pitangueira assumiu um valor quase heráldico para uma relação biológica e estética.

A pitangueira (*Eugenia uniflora*) é uma espécie marcante do nosso litoral, conhecida pelo fruto avermelhado e pelo aroma característico de suas folhas, que têm diferentes usos em nossa cultura.

O conhaque de pitanga, a folha e o fruto formam o conjunto que traz uma escolha e uma interpretação particularíssima da natureza por Gilberto.

O conceito e a vivência em um cenário formado pela natureza representada em sítio, no Sítio Ecológico que atesta a prática cotidiana de Gilberto, hoje mantida pela Fundação Gilberto Freyre.

Seu acervo verde é constituído principalmente por cajueiros, cajazeiros, açaizeiros, pitombeiras, oitis-da-praia, pitangueiras, jaqueiras, mangueiras, dendezeiros, macaibeiras, acácias, palmeiras-imperiais, goiabeiras, flamboyants, juazeiros, viuvinhas, coqueiros e seriguelas que servem de abrigo e alimento para canários, sanhaços, beija-flores, bem-te-vis, sabiás, ratos-silvestres, saguis, lagartos tejus, camaleões, calangos, entre outros que vivem ou passam pelo ambiente vizinho de um pedaço de mata atlântica e frontal ao Capibaribe.

Ninguém melhor do que Gilberto para introduzir histórica e culturalmente o conceito de ecologia no Brasil.

REFERÊNCIAS

FREYRE, Gilberto. **Manifesto regionalista**. Maceió: Ufal, 1976.

FREYRE, Gilberto. **Nordeste**: aspectos da influência da cana sobre a vida e a paisagem do Nordeste do Brasil. [S. l.]: [s. n.], 1937.

Mercados, mercados & mercados
2023

O mercado é um lugar privilegiado para as relações sociais. E assim mostra histórias e tradições para se viver uma cidade, uma região.

É o mercado um espaço de profundas conexões com o meio ambiente, com a sociedade, com a comida, com a alimentação e com as formas tradicionais de se estabelecer comércio e consumo.

Pode-se afirmar que o mercado é o verdadeiro umbigo de uma cidade, porque simboliza e comunica produtos de terroir integrados aos hábitos alimentares representados nas muitas relações sociais.

O mercado é um lugar para interpretar a natureza e a sua sazonalidade. Revela a biodiversidade e aponta para formas de sustentabilidade. Abastece as populações e dá permanência às receitas de comidas e de hábitos alimentares.

Trago nesses contextos o Mercado da Boa Vista, no bairro da Boa Vista, no Recife, um mercado que eu frequento, onde vou buscar queijo de coalho, de manteiga, onde também quero fava verde, feijão-de-corda, batata-doce, inhame ou o celebrado inhame-da-costa, o cará, ainda chamado de cará são tomé, banana-da-terra ou a banana-comprida, boa para ser comida cozida com canela, com açúcar, ou com manteiga; e ainda encontro identidade, peculiaridade de território.

O mercado é um lugar de descobertas – regionais, étnicas, sociais – que se misturam na arquitetura, nas suas instalações para o comércio, para o lazer, para beber um caldinho de feijão, para comer um prato de mão de vaca, de sarapatel, ou ainda para tomar uma cerveja gelada, entre tantas maneiras de viver à boca este lugar que é a grande simbolização das histórias e das memórias.

E por tudo isso o mercado é um lugar para conhecer os diversos imaginários que constituem as memórias ancestrais.

Estar em um mercado é estar em uma verdadeira síntese do mundo, porque o mercado traz esse sentimento de universalidade. No mercado, há uma forte energia telúrica que se confirma nos ingredientes que chegam da agricultura e de outras formas de trazer a natureza para este espaço.

E não são só insumos, há também as comidas prontas e que são servidas no próprio mercado; seja nas barracas, nos balcões, nas mesas coletivas, seja o prato feito ou da escolha do freguês. Maneiras que vão além do nutrir, pois as receitas da região trazem as ofertas dos ingredientes da época, as representações que afirmam o território e que agora são percebidas com a boca e com o paladar.

O mercado consagra-se como um território para encontros, conversas, celebrações. O mercado ouve e espalha a notícia pelo mundo. Tudo está no mercado, há uma verdadeira tradução do território nesse espaço; e a partir da pluralidade de temas e de produtos que nele se apresenta é construída uma espécie de alteridade coletiva.

É um lugar de interação entre a pessoa e o seu produto, onde se ampliam as redes de sociabilidade, em uma forma de comunicação lúdica.

E provar é o seu grande destaque. Nos mercados tradicionais, temos as provas dos produtos: escolhe-se não só visualmente o que se deseja, mas também se experimenta. Farinha, queijo, frutas e tantos outros produtos. No momento da prova, acontecem vários diálogos, um verdadeiro ritual de aproximação entre o vendedor, o produto e o cliente.

Mercar, vender, comercializar é um ritual. Nesse ritual público, participam tanto quem vende quanto quem compra. Há uma interação com as possibilidades do produto, que revelam e orientam o consumo. A sensação de experimentar algo que só a biodiversidade do lugar pode oferecer é uma confirmação de terroir, de que se está no lugar, de que se está no mercado.

As memórias moram nos mercados, e lá contam as suas histórias para revelar identidades. E os seus espaços têm marcas de uso, de sentimentos; têm energias que trazem um sentido de vida.

O mercado tem uma função legitimadora. Além disso, ele mostra as opções e as possibilidades de consumo e permite diferentes experiências. Assim, há sempre uma maneira peculiar de unir o consumo com a afetividade, de viver os rituais da humanização no comércio do mercado.

O mercado não é apenas um conjunto de produtos, de pessoas, de processos tradicionais, de comunicação. O mercado é a síntese social de um lugar. Ir ao mercado é experimentar relações sociais e observar as melhores representações do meio ambiente e das maneiras simbolizadoras que autenticam um amplo sentimento patrimonial.

Desglobalização e regionalização
A NOVA ONDA DA COMIDA

2023

Independentemente deste contexto de pandemia, vê-se que há muito tempo são desenvolvidas ações de valorização e de promoção das cozinhas regionais nos seus vários processos de multiculturalidade. Também nesta direção, veem-se a afirmação de conceitos e o reconhecimento de patrimônios alimentares através de pesquisas, de tendências gastronômicas e de políticas de salvaguarda pelo Estado.

No caso brasileiro, o primeiro patrimônio reconhecido no campo da comida pelo Instituto do Patrimônio Histórico e Artístico Nacional (Iphan) é o ofício das baianas de acarajé. Internacionalmente, outro caso semelhante é o da cozinha mexicana, que foi reconhecida pela Organização das Nações Unidas para a Educação, a Ciência e a Cultura (Unesco) como patrimônio cultural da humanidade.

Em relação a questões patrimoniais, há uma afirmação da crença nos direitos sociais e no direito à soberania alimentar e nutricional. Isso ocorre por meio da valorização dos produtos de terroir, da agricultura familiar e das cozinhas regionais. Todas essas questões fazem convergir muitos olhares sobre a biodiversidade, a cadeia produtiva dos alimentos e as técnicas tradicionais de plantio e colheita – além dos métodos de preparação da comida e do uso de implementos artesanais que fazem parte dos serviços à mesa.

As ações relacionadas à comida são reveladoras de identidade. Nelas se agregam muitas autorias, inclusive as dos artistas populares, que nos seus ofícios integram essa ampla rede de serviços que compõem o campo da alimentação.

São muitos e diversos os processos pelos quais se manifestam, conforme as culturas, os povos e as civilizações para distinguir, afirmar e reconhecer o que é comida. Aliás, está na comida um dos mais notáveis registros de pertencimento, seja por escolha ou simbolização de ingredientes e receitas.

Ainda, os ofícios que formam o diverso acervo dos processos da alimentação reúnem sabedoria tradicional, que, muitas vezes, vem de uma longa experiência milenar.

Todos esses acervos de técnicas particularizam o alimento, seja na feitura de um queijo, seja no processo do fumeiro para certas carnes, entre inúmeros outros, e incorporam valores tanto culturais quanto comerciais. E assim as cozinhas e os seus cardápios ampliam-se nas bases das culturas regionais.

A tendência de recuperar repertórios, no âmbito da alimentação, traz amplitude para se viver a comida e ter nela uma realização profundamente ligada à sociedade e à sua história.

Porque são as expressões alimentares do cotidiano, das festas, das regras religiosas, manifestadas nas muitas maneiras de se relacionar com a comida e no modo como se come, que vão marcar o lugar, o papel social de uma pessoa, de um grupo ou de um povo.

Apesar da diversidade alimentar, a globalização tem uma força econômica feroz, que iguala e padroniza sabores e modos de comer, para ativar o consumo. Dessa forma, os paladares se confrontam diante de uma massificação de comidas, especialmente nas redes mundiais de fast food.

Dominando dietas, padrões e modelos, as multinacionais de comida fazem o mercado ser global e cada vez mais unificado. A globalização oferece um alimento da mesma forma em qualquer lugar do mundo, e essa massificação expõe um confronto em que milhares de sementes crioulas, centenas de tipos de milho, de mandioca, de batatas, sofrem um tipo de extermínio.

Nesse cenário, torna-se necessária a valorização da segurança alimentar como uma forma de revisar essa globalização – que se dá inicialmente por motivos econômicos e em busca de novos mercados de consumo – e de iniciar um processo de desglobalização.

Todos esses indicadores estão atrelados a processos culturais relacionados à comida; por isso a busca, nos recursos teóricos da antropologia do consumo, por um estudo e uma interpretação que possibilitem olhar para a diversidade, para o regional e para o nacional como acervos notáveis para a reinvenção da alimentação, agora considerando a pluralidade dos povos e das culturas.

A espetacularização da comida
2022

Antes de comer os nutrientes, comem-se os símbolos, os lugares e as histórias – verdadeiro ritual de autofagia das próprias referências sociais, certamente escolhidas e processadas pelas civilizações, pelas culturas, durante a formação dos paladares.

Cada ingrediente, cor, textura, processo culinário, quantidade e estética de um prato tem significado próprio e passa a ser referência para legitimar pessoas e sociedades.

Na comida tudo é plural, complexo, diverso e funcional. Nela, sempre há importância histórica, econômica, política, religiosa, moral e cultural, porque, além de alimentar a barriga, a comida também alimenta a identidade e o pertencimento, em uma celebração plena do onívoro que se representa nas suas escolhas e simbolizações. Algo fundamental para a compreensão da relação do homem com o que ele come, quando come, com quem come, e se come com os outros homens ou com os deuses. Estas são algumas das muitas questões, entre tantas, que fazem da comida e da comensalidade um momento complexo do ritual da alimentação.

Tudo isso se amplia com a crescente glamourização da comida e com a circulação rápida das informações, e tudo que é referente a este universo é fantástico e emocional e nos faz ficar comovidos diante do alimento.

A economia quer, cada vez mais, neste mercado de abrangência global, ordenar as regras, as modas e as escolhas do que se come, como se vê na busca pelos restaurantes "estrelados" ou na padronização extrema das grandes redes e do fast food, quando se come a mesma comida em diferentes lugares do mundo.

As multilinguagens e a web fazem ferver este campo aberto que é o da comunicação pela comida. Isso é sensacional, pois mostra as arenas do grande circo midiático que vivemos no cotidiano com a espetacularização da gastronomia. Também há um crescente número de atores sociais que buscam notoriedade, fama, mercado de trabalho e exposição midiática por meio da comida.

Hoje, com certeza, a glamourização da comida afirma-se cada vez mais no universo da comunicação e vai muito além da boca, pois a comida traz antes de tudo um lugar privilegiado dentro das relações de poder e fama. Na hierarquia dos chefs de cozinha, alguns são considerados quase divindades, porque oferecem ao consumo suas assinaturas e suas exclusividades em espaços verdadeiramente mitológicos. Nesses cenários destacam-se talentos, estilos e, sem dúvida, interesses comerciais.

O trabalho é intenso em uma cozinha: são muitas atividades, estudos, pesquisas, compromissos sociais e culturais com os ingredientes, com as receitas, e com a própria comida. Nessa multiplicidade e nesses contextos tão complexos, a comida é um emblema e um tema dominante desse século.

O mercado da gastronomia é voraz e tem fome de fama, de sabores, de memórias, de lugares, de territórios e de pessoas. Os indivíduos são expostos ao crescente valor simbólico e midiático de onde comer, comer a comida de quem, e que tipo de comida se deve comer para se distinguir dos outros.

As ondas *fusion, comfort food* e *fast food* são maneiras contemporâneas de fazer e comercializar comida e, certamente, a globalização impõe rótulos preferencialmente em inglês para informar ou afirmar glamourização.

No caso do fast food, pode-se entender esse processo de vender comida preferencialmente na rua como que integrado ao hábito do brasileiro, que geralmente come o tacacá, o acarajé, a tapioca, a pipoca ou outro alimento de consumo fácil na rua. E não podemos nos esquecer da conhecida kômbi do cachorro-quente, que foi repaginada na onda do *food truck*.

Bem, esses mercados tão diversos e dinâmicos mostram uma crescente glamourização da comida, dos chefs, dos restaurantes, entre muitos outros lugares e intérpretes que se expõem muito além do alimento.

Caviar de quiabo
2023

A esquizofrenia gastronômica

Existe um amplo e diverso território da gastronomia contemporânea que, em muitos momentos, se apresenta como uma verdadeira "terra de ninguém", onde tudo é possível para atender o mercado.

É o mercado econômico que diz aos profissionais de cozinha aquilo que eles têm de realizar, tudo de acordo com modismos dos sistemas de consumo e ainda à mercê da busca frenética por notoriedade a qualquer custo de alguns chefs ou de alguns autodeclarados chefs. Aliás, hoje qualquer um que use um dólmã pode se autodeclarar chef.

Nesses contextos, crescem nas cozinhas e nas indústrias da alimentação muitas e diferentes formas de escolher, de usar e de transformar os ingredientes por meio de variados processos culinários. Assim, os ingredientes passam a ser um mero coadjuvante, sendo desvinculados dos seus mais profundos significados para a cultura e para a nutrição, tornando o produto final uma verdadeira coisificação dos sabores.

Na fome por fama e pelo aumento do consumo, também há uma verdadeira apropriação dos símbolos de terroir, na qual inscrições e proteções comerciais que visam garantir a procedência e a identidade de cada produto são desconsideradas e, em muitos casos, falsificadas; para assim haver uma expansão dos mercados e para atender a falsos processos de criação culinária nos cenários da tal gourmetização.

Assim, cada vez mais, aproveitam-se as demandas do mercado, que quer meramente atender a grupos que buscam se destacar por alguma bandeira, seja a do contra ou a do a favor de determinado tipo de alimentação, para cumprir, com diferentes ingredientes, os preparos exógenos e estranhos aos próprios ingredientes, como, por exemplo, um queijo feito à base de castanha-de-caju.

É quase sacrificial o uso do ingrediente para satisfazer a fome do mercado consumidor do momento. As identidades passam a ser falsas identidades, e o que importa é a comida fashion, a comida do momento, a comida que traz referências de outra forma de se alimentar; é o comer pelo comer.

Surge assim um amplo processo idealizado, no qual o ingrediente e a comida buscam atender a subjetivismos por meio de novos tipos, novos produtos, mas com nomes que possam ampliar e motivar mais e mais o consumo. Na maioria das vezes, são comidas que não alimentam e nem sempre são boas para o consumo. Além disso, há uma negação de questões de âmbito nutricional e de processos naturais da cadeia produtiva, especialmente no que diz respeito a motivos comerciais, quando a comida e seus ingredientes se tornam meros elementos de consumo e não se tem nenhuma preocupação ética, moral, cultural ou mesmo nutricional.

O mercado age orientando o desejo do consumidor, fazendo com que ele pense que deseja alguma coisa, como algo necessário e que atenda aos seus anseios, entre outros processos organizados que são colocados em mensagens subliminares pela indústria da alimentação, e atendendo ao que chamo de formalismo gastronômico, que é uma ação meramente funcional desvinculada dos princípios culinários integrados ao reconhecimento das comidas na sua identidade plena.

Nesse formalismo, há ocorrências culinárias sacralizadas que já são baseadas nas tradições de consumo, como os "tipos": peixe salgado tipo bacalhau, queijo tipo parmesão, e ainda queijo de castanha-de-caju, trufa de chocolate, semente de quiabo nominada como "caviar de quiabo", entre muitos outros exemplos que se apropriam do sentido original do ingrediente e o reintegram ao mercado e ao consumo em uma espécie de farsa alimentar. Essas analogias inicialmente querem uma aproximação estética da forma, da cor, da textura e, sem dúvida, do sabor – que é totalmente falsificado e estranho ao sabor dos ingredientes originais.

Um caso clássico é o do queijo. O queijo é o resultado de diferentes processos do artesanato ou da indústria a partir de ingredientes lácteos. Já as trufas são fungos, e o caviar são as ovas de peixe, em especial do esturjão. Além disso, uma espécie de naturalização das nomenclaturas dos produtos que vão atender ao mercado e às mesas dos consumidores, tanto de ingredientes como de comidas desvinculadas dos seus princípios elementares de autenticidade e de território, apresenta-se de forma crescente e atesta essa verdadeira esquizofrenia gastronômica.

Há também produtos biológicos, ditos produzidos de maneira sustentável e menos aditivados, que passam a integrar essa terra de ninguém bastando acrescentar no rótulo o prefixo "bio", como uma espécie de legitimação que na maioria das vezes é meramente alegórica.

Assim, essa esquizofrenia gastronômica está na negação de ingredientes, além de negar os produtos comestíveis originais para substituí-los por outros que são naturalmente estranhos.

As receitas que buscam, por diferentes motivos, substituir os ingredientes de origem animal por "outros" ao mesmo tempo reificam e recorrem às nomenclaturas originais, expondo muitos produtos alimentares que verdadeiramente não são o que dizem ser.

Desse modo, criam-se, por exemplo, açougues veganos com embutidos produzidos sem uso de nenhum produto animal. Certamente, todos têm o direito à escolha, às substituições, às opções alimentares por diferentes motivos e processos, entretanto é preciso ser coerente com aquilo que se denomina e que verdadeiramente é oferecido para se comer.

Nominar produtos que originalmente, esteticamente ou biologicamente não condizem com as nominações, persistindo em um anúncio equivocado, torna-se algo que precisa ser mais profundamente estudado, tanto pela gastronomia como pela psicologia. Por exemplo: não como carne animal, contudo vou comer um bife de caju. Por que nominar de bife, como uma analogia a um processo afirmativo de memória alimentar daqueles que não se alimentam de carne animal?

E tudo isso pode ser ilustrado por um conhecido dito popular: "comer gato por lebre".

O PODER DOS SABORES COM HISTÓRIA

Caju
UMA FRUTA TELÚRICA

2003

Em recente reunião, a Organização das Nações Unidas para a Educação, a Ciência e a Cultura (Unesco) normatizou sobre o campo e as perspectivas do chamado patrimônio cultural imaterial ou intangível, buscando assim ampliar olhares e políticas públicas referentes às mais variadas manifestações que identificam povos, grupos étnicos, civilizações e países.

Nesse contexto, a gastronomia, os sistemas alimentares, os receituários domésticos, os cardápios tradicionais, as comidas de feiras e os mercados ganham nova perspectiva patrimonial e são incluídos e preservados como importantes testemunhos sociais, econômicos, estéticos, religiosos e culturais, formadores de identidades e reveladores de estilos e maneiras de ver e entender o mundo.

Diante da diversidade e da busca pelo respeito à diferença e pelo direito a manifestar formas singulares de representar a natureza e de se autorrepresentar, certamente encontra-se na gastronomia um dos mais notáveis repertórios que traduzem os povos e as pessoas.

Assim, como uma chegada patrimonial à mesa e ao sabor brasileiro, trago alguns temas, escolhendo o caju, uma fruta nativa e tropical, como um dos símbolos identificadores do brasileiro, em especial da região Nordeste.

Portugal vai ao mar

Navegar é preciso para encontrar alimentos.

De certa maneira, para entender o forte envolvimento dos portugueses com a tarefa dos descobrimentos é necessário compreender o espaço geográfico de Portugal, alargando-se ao sul, no Algarve, nas lutas contra os mouros. Assim, o desejo de um caminho para o Atlântico vai ganhando maior amplitude, pois existia uma necessidade vital de se buscar mais contatos – as rotas marítimas – para obter novas fontes de comida além-mar.

A procura de alimentos que transcendam o território português cresce nos séculos XV e XVI com o incremento das navegações, deixando os campos despovoados e sem os cereais necessários à vida e à unidade do reino.

> Não me temo de Castela
> Donde guerra inda não soa
> Mas temo-me de Lisboa
> Que ao cheiro desta canela
> O reino nos despovoa.
> – Sá de Miranda

Portugal se aproxima do norte da África. Os mercados, as navegações pelo Atlântico e as informações que se estendiam até a Índia iam ao encontro da ampliação comercial, da conquista de novas rotas em busca de alimentos, principalmente de especiarias.

Lançando-se ao mar, Portugal vive em pleno Renascimento o fenômeno da mundialização, aproximando, pelas caravelas, o Ocidente e o Oriente. Diogo Cão, Bartolomeu Dias, Vasco da Gama, Gaspar Corte Real, Pedro Álvares Cabral, Francisco Serrão, Fernão de Magalhães, entre outros, pontuaram o mundo conhecido e aquele em descoberta.

> E se buscando vás mercadoria
> Que produze o aurífero Levante,
> Canela, cravo, ardente especiaria,
> Ou droga salutífera e prestante;
> Ou se queres luzente pedraria,
> O rubi fino, o rígido diamante,
> Daqui levarás tudo tão sobejo
> Com que faças o fim a teu desejo.
> – Camões

As trocas alimentares e a formação de novos hábitos, graças às escolhas de temperos, frutas, óleos, e de maneiras diferenciadas de preparar carnes e pescados, e ainda o aprimoramento de tecnologias de assar, fritar, cozinhar e a inclusão de ingredientes crus apontavam para a geração de novas cozinhas.

Do reino, da costa e da terra

As grandes matrizes da diversa e variada cozinha brasileira – melhor dizendo: cozinhas brasileiras – estão em um Portugal ampliado com a África e com o Oriente; no próprio continente africano, em diferentes regiões da costa ocidental; e nas centenas de culturas indígenas.

Neste momento, é oportuno entendermos um pouco mais sobre os processos formadores do nosso povo e de uma civilização multicultural.

Pode-se caracterizar a cozinha de presença e de herança africana no Brasil como adaptativa, criativa e legitimadora de muitos produtos africanos e não africanos que foram incluídos em muitos cardápios regionais e em outros de presença nacional.

O nosso tão celebrado coco verde vem da Índia, passando antes pela África Oriental e África Ocidental, de Cabo Verde e Guiné, entrando no Brasil pelo litoral atlântico, fixando-se no Nordeste. O óleo de coco é encontrado em boa parcela das nossas receitas, misturado ao dendê, em forma de azeite. O dendê é uma das marcas da cozinha genuinamente africana no Brasil; e o dendezeiro é sagrado para os iorubás, sendo conhecido como iji-opé.

Feijões variados, inhames, quiabos, acréscimos de camarões defumados e dendê, além de cebola, pimenta e gengibre, formam a base de uma mesa onde vigoram acarajés, abarás, vatapás de peixe e de galinha, bobós, carurus, entre tantos outros pratos. Os cardápios sagrados dos terreiros de candomblé ainda trazem alimentos como ipeté, amalá e acaçá, e bebidas como o aluá, feito de milho, rapadura, gengibre e água.

Alimentos moles, como os pirões de farinha de mandioca e o funge ou angu, feito de fubá de milho, estão incluídos nos hábitos diários de milhares de brasileiros. Inhame-da-costa, inhame-de-angola, galinha-d'angola e malagueta são alguns dos produtos que trazem a marca da origem africana e que se nacionalizaram por todo o Brasil.

Manga, jaca, fruta-pão e carambola, entre outras, vêm do Oriente; caju, pitanga, graviola, mangaba, pitomba e cupuaçu são frutas da terra, convivendo nas nossas mesas em forma de sucos, doces em calda, sorvetes e tortas.

O cajueiro, espécie nativa, foi considerado a mais aprazível e graciosa de todas as árvores da América, e de todas as da Europa. Em 1641, Maurício de Nassau resolveu aplicar uma multa de cem florins para cada cajueiro derrubado pelos senhores de engenho, queimadores de cal, oleiros e fabricantes de cerveja. O caju assume para todo o Nordeste um valor heráldico, símbolo de fruta nativa, da terra. Vinda do caju, a castanha, torrada e salgada, está presente em muitos doces, especialmente no bolo pé de moleque, como também em receitas de vatapá da Bahia, de Pernambuco e do Pará, além de ser considerada excelente acompanhamento para bebidas.

As frutas são adicionadas aos licores, à aguardente – cachaça de cana-de-açúcar, água que passarinho não bebe. A cana sacarina é o emblema da chegada colonial portuguesa, determinando processos sociais, econômicos e culturais na formação do brasileiro.

Gilberto Freyre (1969) observa:

> Mas toda a influência indireta do açúcar de adoçar maneiras, gestos, palavras, no sentido de adoçar a própria língua portuguesa, não nos deve fazer esquecer sua influência direta, que foi sobre a comida, sobre a cozinha, sobre as tradições portuguesas do bolo e do doce.

O doce é um testemunho permanente da história e das transformações tecnológicas, pois celebra, alimenta e aproxima os indivíduos.

A banana frita pulverizada com a mistura de açúcar e canela; a marmelada ou o doce de goiaba com queijo branco; as cocadas com abacaxi e tamarindo; a farinha de mandioca, de cará ou macaxeira, com mel de engenho; ou o doce de araçá, que era partilhado com o Menino Deus na capela do engenho, expõem o valor do açúcar, do doce, na vida cotidiana brasileira.

Sem sal e tendo como base a mandioca, da qual são extraídos alimentos como a farinha e o tucupi, tem-se a estrutura geral de uma cozinha ameríndia, combinando caças, peixes, quelônios, frutas e ervas. Do desenvolvimento de tecnologias com o fogo, destaca-se o moquém, além das panelas cerâmicas ritualmente pintadas para o fabrico de enormes beijus, bem como a descoberta e o uso do guaraná e do açaí como poderosos energéticos, fontes de uma alimentação tropical e ecológica.

Ainda no Norte, celebra-se o pato no tucupi, a maniçoba, os cremes de bacuri e de cupuaçu, os inúmeros usos da castanha no Brasil, entre tantas opções alimentares que vêm das florestas.

A conjugação do verbo *comer*

A chamada cozinha tradicional/regional não se isola dos movimentos gastronômicos internacionalizados, com as redes de lojas de sanduíches e a marca dominante da civilização do hambúrguer e do hot dog, geralmente acompanhado de milk-shake e batatas fritas. O comer rápido, o comer para unicamente matar a fome, é um fenômeno crescente, que desritualiza certos hábitos familiares cotidianos e outros episódicos e festivos.

Restaurantes de comida a quilo convivem com os já tradicionais buffets de saladas, grelhados, galinhas ensopadas, massas, risotos, feijões, farofas. Bares, confeitarias e doçarias ainda apresentam um tempo cultural diferenciado da pressa do comer em pé, de enfrentar longas filas pelo sanduíche sonhado – um ato quase proustiano em busca do sanduíche perdido.

Contudo, há também uma tradição popular de comer de pé, na rua, diante da banca, do tabuleiro.

As baianas do acarajé, em Salvador, vendem, além do acarajé – que virou sanduíche com os acréscimos de vatapá, caruru, camarão, salada e molho nagô (pimentas e dendê) –, abará, bolinho de estudante, cocada, cocada-puxa, fato frito, entre outras iguarias em tabuleiros, nominando essa atividade feminina de baiana do tabuleiro.

Em Belém, as vendedoras de tacacá seduzem seus fregueses com as cuias transbordantes de goma, camarão e outros ingredientes, dispostos em mesa ou banca, em ponto escolhido na rua ou em praça já conhecida.

Nas feiras e nos mercados populares, sabe-se da boa e generosa comida feita com os temperos autorais de famosas cozinheiras, além de se ter o convívio à mesa, onde se pode beber, conversar e escolher os ingredientes, sempre próximos, à mão.

Receitas milenares, como a do cuscuz muçulmano – que no Brasil ganha farinha de milho, açúcar e leite (transformou-se, mas ainda é cuscuz) –, convivem com os modismos e os novos estilos do comer ou mesmo do não comer, ou de comer de maneira orientada: as tão famosas dietas alimentares. Uma síndrome da passagem do milênio. Contudo, ainda vigoram o dendê, o leite de coco, a farinha de mandioca – o alimento mais nacional de todos –, juntamente com queijos, doces, frutas, guisados, assados, churrascos, moquecas, sucos, sorvetes e pastéis, entre tantos outros que mantêm os princípios da identidade do brasileiro, ganhando notório valor patrimonial de acervos, que autenticam populações, que identificam éthos, revelando singularidades, características próprias, ganhando um verdadeiro foro de cultura e de cidadania.

Comer, alimentar-se e se encontrar à mesa são as mais profundas referências de povo e de sociedade, o direito mais fundamental do homem.

Assim, certamente, pela diversidade de componentes étnicos e culturais, de cardápios e em especial pela fartura de ingredientes, pode-se afirmar que o Brasil é a mesa do mundo.

Comer: um direito inalienável do homem.

Caju: a construção do sabor brasileiro

O cajueiro pertence à família das Anacardiáceas, integrando em torno de quinhentas espécies conhecidas, entre elas a *Anacardium Occidentale* L., segundo Southey a árvore mais útil da América. Nativo do Brasil, mais do Nordeste, foi levado para a África, a Índia e a América Central. O nome tupi seguiu com o ciclo de navegação dos portugueses, no Oriente e no Ocidente. Muitos dizem que o caju é a fruta mais brasileira de todas.

O Brasil ainda revela imaginários de um paraíso tropical, certamente em virtude das chamadas belezas naturais, que reúnem diversos ecossistemas, incluindo amplo litoral, montanhas, florestas, vales, áreas alagadas como o pantanal, cerrado, bacias hidrográficas magníficas como a da Amazônia, rios quase continentais como o São Francisco, enfim, cenários privilegiados de flora, fauna e também de diferenciada ocupação humana, de cultura e de interpretações dessa diversidade que identifica e marca o país.

Entre os muitos símbolos desse Brasil tropical, de natureza variada e generosa, estão as frutas. Frutas carnudas, coloridas, saborosas, de odores e de gostos especialíssimos. Muitas delas chegaram pela mão do colono português, que introduziu a manga, a jaca, a fruta-pão e a banana, todas originárias do Oriente. Contudo, as frutas da terra, nativas, são muitas e de ocorrência nacional. Assim, destaco o nosso tão conhecido e celebrado caju.

A exuberância e a variedade de formas e de estéticas ecológicas sempre marcaram as nossas frutas – diga-se: frutas do mundo, aqui nacionalizadas, e tantas outras nativas, da terra, que juntas constituem esse rico acervo de cheiros e paladares –, o que atraiu viajantes e homens de arte e de ciência de diferentes partes da Europa para conhecer e revelar para o mundo essas terras tão exóticas, diferentes, de um Brasil tropical, exercendo diferentes formas de documentação.

Entre tantos viajantes-artistas, destaco Albert Eckhout, pintor nascido em Groningen, Holanda, em 1610, e que chegou a Pernambuco em 1637 por convite de Maurício de Nassau, governador-geral da colônia holandesa no Brasil de 1637 a 1644.

O trabalho visual de Eckhout, sobretudo suas pinturas, tem excepcional valor documentalista, registrando pessoas, características étnicas bem definidas e, principalmente, elementos de uma natureza muito colorida, diferente, marcada por frutas, árvores, flores, animais e cenários exuberantes. Destaco uma de suas pinturas mais conhecidas, chamada *Mulher mameluca* (1641), exímio trabalho de desenho botânico do cajueiro e de seus frutos. A obra, que hoje se encontra no Museu Nacional da Dinamarca, em Copenhague, foi ofertada por Maurício de Nassau ao rei da Dinamarca, Frederico III.

A pintura *Mulher mameluca* retrata um tipo étnico, mistura de elementos raciais entre o branco, no caso o português, e o ameríndio, o nativo do Brasil.

Em descrição detalhada da pintura de Eckhout, temos a seguinte análise:

> Ainda em plano próximo salienta-se uma árvore, um cajueiro (*Anacardium occidentale* L.) abundantemente frutificado e com os cajus em diferentes estados de maturação [...] (Valladares, 1983).

O interesse em retratar o caju em um conjunto de onze telas destaca a ocorrência e o significado da fruta para a região Nordeste, para a ampla área da costa brasileira.

A fruta de muitos usos

> De várias cores são os cajus belos,
> uns são vermelhos, outros amarelos,
> e como vários são nas várias cores,
> também se mostram vários nos sabores;
> e criam a castanha,
> que é melhor que a de França, Itália, Espanha.
> — Botelho de Oliveira

O cajueiro é uma árvore celebrada e está no variado imaginário tradicional e popular brasileiro. Além do consumo da fruta in natura e de seus muitos outros aproveitamentos como doce, vinho, castanha assada – muito apreciada e consumida como acompanhamento de bebidas –, ou na receita de bolos, como o pé de moleque, um prato que integra a mesa festiva do ciclo junino, a fruta é alimento diário de muitos brasileiros. Sem contar outras formas doces, em calda ou destacando o açúcar da fruta na tão celebrada passa de caju, um quase símbolo do Ceará, e ainda em pratos salgados, destacando-se a famosa moqueca de maturi.

As bebidas feitas de caju também ampliam possibilidades gastronômicas e comerciais. Tem-se a tão conhecida cajuada – suco de caju, excelente bebida refrescante e muito saudável – e, ainda que de maneira industrial, a cajuína e o vinho de caju, além do licor e outras criações próprias da dinâmica inventiva das cozinhas.

> Sou amante da branquinha
> do caju sou camarada
> Sou amigo do copinho
> Quando sorvo uma bicada.
> – citado por Francisco Augusto Pereira da Costa

A estética do caju e do cajueiro

> Cajueiros de setembro
> Cobertos de folhas cor de vinho,
> Anunciadores simples dos estios
> Que as dúvidas e as mágoas aliviam
> Àqueles que como eu vivem sozinhos.
>
> As praias e as nuvens e as velas de barcaças
> Que vão seguindo além rumos marinhos
> Fazem com que por tudo se vislumbrem
> Luminosos domingos em setembro,
> Cajueiros de folhas cor de vinho.
>
> Presságio, amor de noites perfumadas
> Cheias de lua, de promessas e carinhos,
> Vivas canções serenas e distantes,
> Cajueiros de sabores inocentes
> Debruçados à beira dos caminhos.
> – Joaquim Cardozo

A forte presença do caju no imaginário brasileiro é demonstrada por meio de diferentes técnicas que retratam a fruta como tema principal ou compondo cenas regionais presentes no nosso artesanato/arte popular.

Na xilogravura, o caju é um componente central em muitas obras, ocorrendo ainda de maneira alegórica. Há uma referência dominante do caju como símbolo do trópico, do sol, das cores fortes e quentes, e assim é interpretado e incluído em vasta produção dos gravadores populares.

Entalhes de madeira, pinturas sobre tecido, bordados, pinturas em material cerâmico, sobre outras superfícies, pinturas sobre papel e tela, entre muitas outras técnicas, revelam a inventiva tradicional e contemporânea de mostrar o caju e sua trajetória, unindo o valor da fruta telúrica e demais temas que identificam a natureza brasileira, o cotidiano, a festa, o homem regional.

Também nas tradições orais, na literatura, nas cantigas, o caju é um tema muito recorrente, louvado por diferentes autores que relacionam a fruta com estéticas que revelam o Nordeste, interpretado pelo homem do litoral, e o ciclo das colheitas, quando os cajueiros chegam com suas flores brancas e dão frutas coloridas, exalando odores, anunciando sabores e preferências do brasileiro.

Como o coqueiro (*Cocos nucifera* L.) para o Oriental, notadamente o indiano, o cajueiro seria o mesmo para o brasileiro, representando, se houvesse, uma árvore símbolo do paraíso em virtude das inúmeras possibilidades do seu aproveitamento para o homem.

O cajueiro é uma árvore de múltiplos usos, sendo para o nativo, o da terra, uma espécie botânica que alimenta, que produz remédios, cuja madeira é empregada para a construção de embarcações, especialmente a jangada, além de representar no imaginário popular uma das plantas mais queridas do Nordeste.

Assim, estabelecem-se profundas relações entre o brasileiro e o cajueiro, tendo na fruta uma forte referência de cultura, pois o homem, esse eterno tradutor do meio ambiente, usa e dá significados aos inúmeros elementos da vida natural e assim vai representando os seus entornos e se representando, construindo identidades.

Inquestionavelmente, os sistemas alimentares, ingredientes, rituais do fazer e do servir e as profundas relações das comidas na vida cotidiana e no tempo da festa fazem da alimentação um lugar cultural pleno de significados de valor patrimonial.

O caju para o brasileiro é a fruta nativa; é a atestação construtora da vida e da emoção do brasileiro.

REFERÊNCIAS

ÁGIO, Augusto Moreira. **O cajueiro**: vida, uso e estórias. Fortaleza: edição do autor, 2002.

CAMÕES, Luís de. **Os lusíadas**. Rio de Janeiro: Nova Fronteira, 2018.

CARDOZO, Joaquim. Cajueiros de setembro. CARDOZO, Joaquim. **Poesia completa e prosa**: Joaquim Cardozo. Rio de Janeiro: Nova Aguilar, 2007.

COSTA, Francisco Augusto Pereira da. **Vocabulário pernambucano**. Recife: Governo do Estado de Pernambuco, Secretaria de Educação e Cultura, 1976.

FREYRE, Gilberto. **Açúcar**: em torno da etnografia, da história e da sociologia do doce no Nordeste canavieiro do Brasil. Recife: Instituto do Açúcar e do Álcool, 1969.

OLIVEIRA, Manuel Botelho de. À Ilha de Maré. **Poesia barroca**. São Paulo: Edições Melhoramentos, 1967. Disponível em: https://www.literaturabrasileira.ufsc.br/documentos/?action=download&id=27992. Acesso em: 10 maio 2024.

SÁ DE MIRANDA. **Colectania**. Lisboa: Bernardim Ribeiro, 1943.

VALLADARES, Clarival do Prado. **Albert Eckhout**: pintor de Maurício de Nassau: 1637/1644. Rio de Janeiro: Livroarte, 1983.

O bom ingrediente
VERSUS A JUNK FOOD

2023

O bom ingrediente

Cozinheiros, chefs e consumidores têm um crescente interesse por esse tão importante personagem das cozinhas e das histórias pessoais que é o "ingrediente". Assim, buscam-se, além do sabor, as mais profundas referências que identifiquem e particularizem o ingrediente, seja uma batata, uma folha de caruru, um tipo de milho ou uma pimenta – uma marca que singularize o ingrediente e dialogue com as suas referências da cultura.

Esses entendimentos se fortalecem no contexto da globalização como um desejo por maneiras identitárias e autorais de fazer uma comida e de viver os rituais sociais dessa alimentação e dessa comensalidade. Tudo isso com respeito ao meio ambiente.

Há uma espécie de símbolo do território marcado em cada ingrediente, indicando que ele terá uma fala peculiar, um uso dentro da tradição e das receitas; uma relação com os outros ingredientes. O ingrediente tem suas características reconhecidas e integradas ao lugar, além de seus usos e representações próprias nas traduções da cultura. É o que pode ser chamado de terroir.

Dessa forma, preservar, produzir e usar cada ingrediente na sua vocação e referência é trazer os acervos da sabedoria tradicional e as manifestações da biodiversidade interpretadas nas receitas; é trazer e reconhecer sabores e símbolos sempre juntos nas leituras culinárias para serem interpretados nas identidades culturais.

O milho, por exemplo, é um cereal americano com centenas de tipos. Para as civilizações milenares das Américas, ele representa o sol, o poder da vida e da fertilidade, é o sagrado milho. Base alimentar que vai muito além da boca, da receita, o milho é um mito vivido nos mais identitários símbolos de alimento, de pertencimento, de memória ancestral, e chega até hoje às nossas mesas de junho com tantas receitas, como as pamonhas, que atestam sua existência há mais de 7 mil anos, consumidas pelos povos tradicionais americanos sob a forma de *tamales* – cozidos e servidos em folhas.

E aqui merecem destaque os hábitos cotidianos do Nordeste, onde comer o cuscuz de milho, o bolo de milho, entre tantas outras maneiras, é também trazer o sol dos incas às nossas mesas.

Outro exemplo é a mandioca, também da América do Sul, uma das mais importantes bases das comidas das nossas sociedades tradicionais, dos nossos indígenas, e que ganhou o Brasil como o mais nacional dos alimentos: a farinha de mandioca.

Farinha para se comer com tudo, usada em diferentes receitas de farofa ou pirão. Fazendo os mais notáveis estilos de se comer à brasileira, a farinha seca é misturada nos caldos de legumes, de peixes, de crustáceos; pode ser também misturada com mel de engenho ou melado, com açaí; pode ser uma bebida artesanal acrescida de água e açúcar, o chibé; e pode ainda ser o mais tradicional acompanhamento do churrasco de fogo de chão – tudo celebra a farinha de mandioca.

Cada identidade de sabor, a peculiaridade de cada ingrediente, marca uma propriedade que lhe é exclusiva, e marca uma receita. Porque a receita e a técnica culinária unem-se em um entendimento pleno, funcional e memorial, que toca em cada ingrediente numa relação de cor, de textura, de odor, de estética.

Assim, comer é uma atitude, um encontro com as próprias referências, com as mais profundas interações com os símbolos culturais e o próprio paladar.

A formatação do ingrediente em uma comida traduz todas as indicações que mostram como deve ser a sua apresentação: envolto em folhas; servido em louça de barro, em gamela de madeira ou em compoteira de vidro; para comer com a mão ou com talheres; dentro dos tabus alimentares, das regras religiosas ou das festas; tudo isso também revive um ritual de comensalidade.

Cada paladar é formado por um conjunto complexo de referências culturais que darão o verdadeiro sentido dessa experiência física, também definida pela experiência alimentar.

Desse modo, o ingrediente pode ter uma fala pessoal, uma fala familiar, uma fala comunitária; e há em cada ingrediente um acervo de significados retomados no valor que se agrega ao sentido culinário, naquilo que é a comida para cumprir um hábito alimentar, para marcar uma cerimônia ou para comunicar algo especial; seja para um grupo ou para uma pessoa.

Diante de tantos acervos e tantas diferenças regionais, de biomas, de ocupações etnoculturais, de interesses comerciais, as nossas mais brasileiras identidades de comer, de preferir certos alimentos, vão, nesses muitos encontros com as cozinhas, com as mesas, com as receitas, marcando seus lugares e revelando as nossas características.

A junk food

A junk food é uma comida de má qualidade, oferecida com inúmeras possibilidades para o consumo e com valores de mercado muito atrativos. São produtos alimentares extremamente baratos e com ingredientes sem qualidades, certamente danosos para nossa saúde.

Esses produtos alimentares são ultraprocessados e repletos de aditivos químicos que aumentam sua durabilidade e os tornam desaconselháveis para uma boa alimentação – para uma alimentação saudável, digo. Além de muitos outros fatores nocivos para a alimentação, a fácil conservação possibilita um maior acesso e um consumo geral da junk food.

Um outro fator, o predominante, é que o valor comercial dos produtos, por ser muito baixo, funciona como um verdadeiro condutor para o consumo.

Desde sempre, comer bem e saudável é muito dispendioso. A maioria da população não tem acesso a produtos alimentares de qualidade, com indicação de procedência e sanidade. Além disso, há uma crescente oferta nos mercados alimentares de produtos ultraprocessados de baixo preço, configurando uma estratégia para atrair a maioria da população. Há uma forte oposição de valores, influenciada por fatores sociais, econômicos e culturais, das relações de consumo de produtos alimentares ultraprocessados frente aos alimentos frescos e saudáveis.

Assim, os alimentos industrializados e repletos de componentes não recomendáveis por nutricionistas e serviços sociais da saúde estão cada vez mais presentes entre as populações globalizadas, o que leva a um aumento da má alimentação da população mundial, provocando doenças como obesidade e hipertensão arterial, entre tantas outras.

Tudo isso nos mostra que a população sofre com a falta de acesso a bons produtos alimentares, em um ambiente fortemente marcado por fatores econômicos e pela inexistência de uma política de educação alimentar e nutricional.

Farinha à mesa

2010

Os alimentos, os preparos culinários, as receitas e os cardápios são importantes meios para localização e construção de referências visuais, olfativas, táteis, gustativas e emocionais em relação à comida. A comida é uma realização da história de um povo, de uma civilização; é um retrato do meio ambiente e uma das formas de interpretar as memórias.

No caso do Brasil, a mandioca é uma marca fundamental, e nativa, da organização de vários sistemas alimentares. Seus muitos produtos possibilitam realizações culinárias que trazem a ancestralidade de povos autóctones das florestas; e esses conhecimentos do bem comer são ampliados e transformados no encontro com as "cozinhas" da Europa e também com as muitas culturas africanas e imigrantes.

A ocorrência nacional da mandioca possibilita uma formalização de "cozinhas nativas", "da terra", que se integram com outras receitas americanas, como as que usam folhas no preparo de alimentos, entre as quais estão os tamales, uma das mais conhecidas, e a pamonha, feita com massa de milho e temperos, embalada na folha de milho e depois cozida, e também as que levam pimentas do gênero *Capsicum*, nativas, com as quais há uma antiga tradição indígena para o preparo de carnes de caça e peixes.

Entre as muitas formas de se comer mandioca, há um caso exemplar e verdadeiramente nacional: o da farinha de mandioca.

Pode-se dizer que o brasileiro é um "comedor de farinha", um grande apreciador da farinha de mandioca, e com esse ingrediente ele cria e retoma as memórias milenares das civilizações americanas, com cardápios que nos identificam e nos singularizam como povo.

Comedor de farinha

Pode-se adicionar farinha de mandioca a quase tudo: frutas, leguminosas, molhos; na pimenta amassada, no ovo, nos peixes, nas aves, nas carnes; no mel, no melado; no leite, no açúcar; ou simplesmente pura – saborosamente pura. Farinha para se sentir o buquê, a textura, a qualidade que caracteriza a sua procedência, o lugar, seu terroir, que determina a técnica e o estilo de sua produção.

A farinha acompanha o brasileiro no seu cotidiano e também no tempo da festa, principalmente no preparo de farofas. Farofas especiais, feitas com ingredientes também especiais. Muita gente as chamam de "farofa rica", um preparo em que também se aproveitam os miúdos da galinha que será assada; assim, são ampliados os sabores, juntamente com ovos, manteiga, cebola, entre tantas outras possibilidades de ingredientes.

Vê-se também a farinha de mandioca como recheio para peixes inteiros, assados. Muitos dos recheios são de farofa de ovos e outros temperos. Geralmente, essas farofas fazem parte da categoria "molhada", quando a farinha de mandioca absorve bem seus complementos e ganha um valor tão significativo quanto o do prato principal.

Um dos usos consagrados da farinha de mandioca é o de cobrir a comida no prato. A farinha é colocada generosamente sobre o feijão, o arroz, o macarrão. Há uma fantástica liberdade no uso da farinha, e isso compõe as nossas "identidades" gastronômicas.

Muito comum, ainda, é o emprego da farinha de mandioca como uma verdadeira "liga" entre tudo que está no prato. Se a comida é mole, uma quiabada, por exemplo, a farinha dá uma consistência especial, pois, quando bem misturada ao prato, ela acrescenta novos e especiais sabores.

Um exemplo da etnografia da "liga": no prato está o feijão, o arroz, o macarrão (espaguete) e um pedaço de carne guisada. Então, inicia-se o ritual. Após o reconhecimento da comida com uma faca, o macarrão é picadinho e começa a se revolver tudo até que chega o momento especial de colocar a farinha de mandioca. Nesse momento de culminância, existem alguns princípios: a farinha pode ser pulverizada sobre o prato em várias camadas, até se conseguir a textura desejada; ou então a farinha é colocada em grandes quantidades e com o uso do garfo vai se amassando tudo.

A qualidade da "liga" é um conceito autoral e pessoal. Quando visualmente há uma predominância do branco da farinha, é o momento de comer, deixando a carne para o final da refeição, pois, como se sabe, entre as muitas regras existentes nesse ritual, o principal do prato se come no final. E assim, gloriosamente, a carne encerra a refeição.

A carne tem um valor especial dentro das nossas cozinhas regionais. É uma comida considerada, nesse imaginário, como nobre; uma comida que retoma formas ancestrais das caças imemoriais dos provedores, dos caçadores, daqueles que dão de comer; e com tudo isso há também o sentimento do bem comer. Pois comer bem é comer com carne.

Para a clássica receita do arroz com feijão, há também uma orientação na formulação do prato que passa a ser quase uma regra, seguida por milhares de brasileiros. Primeiro, coloca-se no prato o feijão, nesse caso geralmente o feijão-preto. Depois, a farinha, a gosto, é colocada sobre o feijão. Assim, juntos, são amassados, revolvidos e, conforme o desejo do criador da refeição, o arroz é colocado sobre essa "massa" de feijão e farinha.

A farinha de mandioca é também sutil, de uso delicado, integradora de texturas e principalmente de sabores.

Trago lembranças de um caldo de mocotó, com um pouquinho de mocotó e uma rodela de calabresa. Então ouvi o conselho: "ponha um pouco de farinha", e assim o fiz. Foi uma delícia. Tudo se harmonizava, era um caldo quase consistente. Aquele líquido feito por mãos baianas mostrava uma sofisticada sabedoria de se fazer comida. Comida de "lamber os beiços", como se diz popularmente.

Esse conselho também se aplica ao caldo do sururu, adicionando-se, de maneira sutil, a farinha e uma pimenta fresca, tudo resultando em um banquete de gosto tropical.

Muito se faz à mesa para finalizar a refeição no prato, com o acréscimo da farinha de mandioca, e aproveitar ao máximo caldos de carnes, de peixes, de camarões. Trata-se de uma criação individual, autoral, para consumo próprio; para substituir o pão nos últimos vestígios do molho, para não desperdiçar aquele pedacinho de paio, de toucinho, em que culmina a refeição. Ainda, os molhos de pimentas frescas são importantes companhias para esses preparos no prato, que muitas vezes têm a quantidade de apenas uma colherada, como um verdadeiro arremate.

Essas experiências gastronômicas são exemplos da boa comida, sem os rótulos exógenos de "alta" ou "baixa" gastronomia, conceitos estranhos para o meu entendimento do que é uma boa comida.

Formação do paladar ou o meu gosto pela farinha

As melhores memórias de sabores estão na infância. Assim, trago algumas experiências pessoais na construção dos meus hábitos, do modo como escolho comidas e, certamente, de seus significados. Dessa forma, aponto os usos da farinha de mandioca na formação do paladar pessoal a partir do paladar brasileiro. Esse paladar que está agregado às muitas e diferentes farinhas de mandioca, com suas características especiais que identificam regiões e seus diferentes sabores.

Rodelas de banana recobertas de farinha de mandioca e, sobre elas, melado ou mel de engenho, grosso, com cheiro de cana-de-açúcar. Formas de se comer frutas com farinha. Também é muito gostoso misturar rapadura com farinha; bolinhos de feijão com farinha, para serem comidos com as mãos; e ainda as deliciosas farofas bem molhadas, ou seja, com muito dendê e camarão defumado. Para acompanhar: galinha, arroz, acaçá branco e vatapá, entre tantas, tantas outras delícias. A mesa baiana é rica de criações que levam farinha de mandioca.

Nesse universo das farinhas, as feiras e os mercados tradicionais e populares são tidos como os melhores locais para o contato direto com esse precioso acervo que é variadíssimo em tipos.

Geralmente, as feiras semanais são verdadeiros encontros, uma maneira de reunir a produção e os produtores de alimentos em um dos mais notáveis espaços de socialização e de contato com a vida regional. Esses eventos são verdadeiros rituais da biodiversidade. Nesse contexto, merecem destaque as áreas de venda de farinha de mandioca, que geralmente estão próximas às de venda de feijão, de fava e de outras leguminosas. E, antes de comprar, provar, pois a prova é um ritual muito importante para verificar e reconhecer a qualidade e a variedade das farinhas.

A feira e o mercado, nesses contextos, são espaços sociais e econômicos para experimentar o que as regiões oferecem de produtos, especialmente os ingredientes das cozinhas regionais. São exercícios patrimoniais e de cultivo das identidades, do direito à diferença, à alteridade.

A farinha é o grande alimento da boca e do sentimento de saciedade. É um grande "mata-fome". Farinha e água são a base da subsistência.

A farinha na mesa afro-baiana

Entre os muitos pratos de matriz africana que estão na vida gastronômica da Bahia, alguns assumiram a farinha de mandioca como um importante ingrediente ou como um complemento.

A farofa de dendê, por exemplo, é o prato sagrado do orixá inaugural que é Exu dentro das tradições religiosas dos iorubás. Esse é um tipo de farofa para ser comida de mão e geralmente chamada de padê, que em língua iorubá significa "encontro", sendo também um ritual que aproxima a pessoa e a comunidade com o orixá. A comida estabelece esse contato, realiza essa fala simbólica por meio da farofa de dendê.

Assim, Exu está alimentado e exerce seu papel de comunicador, pois Exu fala todas as línguas do mundo. O orixá estabelece todos os contatos com o *orun* e o *aiye* (respectivamente, o céu e a terra) e o contato entre os homens e as divindades, os orixás.

As comidas de Exu são também preparadas com muita pimenta, o que amplia os sabores das carnes, do dendê e da farinha de mandioca.

Os terreiros de candomblé da Bahia, especialmente os do Recôncavo, são importantes espaços patrimoniais que reúnem acervos de receitas e de técnicas culinárias que trazem as memórias de povos africanos e preservam criações afro-baianas.

A farofa de dendê é servida também nas festas públicas como acompanhamento de muitas "comidas de azeite", como feijão-de-azeite, caruru, omolocum, ipeté, xinxim de galinha, acarajé, abará, carnes de aves e de caprinos, entre tantas outras.

Outro uso notável da farinha de mandioca é a função de agregar comidas. O amalá de Xangô, por exemplo, é feito de quiabo, dendê, carne bovina e em especial pimentas sobre uma base de pirão de inhame. Esse pirão pode ser feito como um pirão de farinha de mandioca. Geralmente, o amalá é servido em uma gamela redonda de madeira e guarnecido de acaçás brancos quando o seu oferecimento é ritual no peji, santuário do orixá.

Essa mesma receita é socializada com todas as pessoas que participam dos rituais; assim, o amalá é servido em pratos recobertos com farinha de mandioca. Essa experiência se dá na tradição das quartas-feiras, dia da semana consagrado a Xangô no Ilê Axê Opô Afonjá, em Salvador. Por isso, é tradição visitar a Casa de Xangô às quartas.

A farinha de mandioca está integrada à cozinha afro-baiana e é um acompanhamento para muitos pratos do cotidiano, pois grande parte dos cardápios do Recôncavo tem a marca dos povos africanos. Entre esses pratos estão as feijoadas e as anduzadas, sempre acompanhadas de farinha. Há ainda farofas para compor os cardápios dos feijões, muitas de estilos e criações tão autorais quanto os melhores temperos. São formas de identificar lugares e pessoas.

Na Bahia, a farinha também está nas cozinhas do sertão, por exemplo, no feijão à tropeiro: feijão sem caldo, misturado com farinha de mandioca e temperos. Sem dúvida, há um gosto regional pelas farinhas.

Sempre farinha

As interpretações sobre as farinhas nascem na formação dos paladares regionais, pois certos estilos e resultados dos gostos das farinhas têm assinaturas que ocorrem durante seu processamento, que é realizado na casa de farinha. São texturas, granulações, temperos. E os resultados estão integrados às receitas dos lugares e atendem aos desejos do paladar local.

Há o reconhecimento da farinha, e assim se reconhece a pessoa, a sua comunidade, a sua região, pois a farinha é uma assinatura, uma marca.

A farinha é um elemento construtor de identidades. Os do Norte gostam de farinha mais grossa, farinha-d'água. Os do Sudeste gostam de farinha mais fina e branquinha, do tipo farinha seca.

Já os baianos do Recôncavo têm na farinha de copioba o seu ideal de delícia feita de mandioca, um acompanhamento para tudo que necessita de farinha à mesa. É uma farinha de textura e coloração peculiares, um complemento para muitos pratos do cotidiano.

É assim a farinha de mandioca nas nossas mesas e também na construção dos nossos hábitos e preferências, trazendo as melhores memórias de paladares e de estética de comidas e, principalmente, o reconhecimento dos sabores integrados aos seus lugares de pertencimento.

A farinha é uma grande celebração da mandioca. É uma base para tantos temas culinários que identificam e afirmam as características da mesa multicultural da Bahia. Uma mesa rica de produtos feitos a partir da mandioca, uma mesa ungida com as mais saborosas farinhas.

Venha viver esses sabores da farinha de mandioca e as suas histórias nas tradições da Bahia, lugar que reúne um dos mais notáveis acervos gastronômicos do Brasil.

Com pirão, estética e território
O MODERNISMO DO RECIFE

2010

Nos anos 1920, Gilberto Freyre sugere um monumento ao pirão para promover um contato direto com um símbolo de identidade e, com isso, confrontar os limites da arte, que à época era apenas para apreciação. Ele inclui o cotidiano como uma expressão de valor estético, marcando um lugar de ser "moderno", em uma ampliação do sentimento sobre a arte.

Gilberto Freyre expõe um olhar regional unido a uma estética-conceito e busca contatos com outros movimentos artísticos da Europa que também viviam buscas estéticas além-Ocidente, em uma crescente valorização das artes étnicas. Com esses contatos, ampliam-se os entendimentos acerca da arte e surgem novos movimentos, como o surrealismo e o dadaísmo, entre tantos outros.

Essa busca por movimentos artísticos, que se dá especialmente em Paris, traz transformações sobre as teorias da estética, além do reconhecimento de outras formas de arte, de liberdade de formas, de estilos, de técnicas, dentro de manifestações culturais repletas de identidade.

Descobrir e valorizar os repertórios visuais fora da Europa, querer a África, a Ásia, a Oceania e as Américas. Sem dúvida, a arte se amplia nas linguagens e nos novos contextos de mundo pós-Primeira Guerra Mundial.

Os anos 1920 promovem verdadeiros encontros de diversidades estéticas que estão integradas nas manifestações culturais e sociais dos seus povos. Dessa forma, o entendimento de território é ampliado pelos contatos com o mundo, o que reforça ainda mais as expressões regionais e as maneiras de marcar e expressar identidade e alteridade. A cultura do cotidiano marca seu lugar em um entendimento de patrimônio cultural e do que é moderno.

Há um sentimento de "identidade" em Gilberto Freyre que é inclusivo e orientador para novas correlações através de um olhar ampliado sobre o regionalismo e a modernidade. Dessa maneira, há um encontro pleno com o terroir, com a arte telúrica, da região.

 Ao chegar no Recife, guloso de cor local, um dos meus primeiros espantos foi justamente numa confeitaria [...] pedir um mate. Talvez não fosse chic pedir um mate. Como não era chic pedir água de coco [...] ou caldo de cana. O chic era pedir um desses gelados com nomes exóticos [...] (Freyre, 1923, p. 3).

O valor dado ao terroir se une ao valor de identidade para marcar um sentimento de que o moderno não é excludente das memórias fundadoras da cultura.

Freyre busca mostrar o que é patrimônio regional para valorizar e afirmar que o sentido de moderno inclui o pertencimento a uma cultura que se revela na arte. Ainda, ele aponta a história do cotidiano para mostrar o entendimento dos processos sociais na experiência dos hábitos alimentares.

Gilberto afirma, ainda, que a identidade regional vai muito além de louvar os heróis eternizados em bronze. Deve-se buscar no patrimônio cultural uma fruição social que represente a diversidade da população. Então, a comida, a festa popular, a religiosidade, entre outras maneiras de mostrar singularidade, ganham um destaque especial no desejo de preservação e como foco para os artistas nas suas muitas formas de expressão.

Um conjunto de artigos publicados por Gilberto Freyre no jornal *Diário de Pernambuco*, nos anos 1920, revela as buscas e os encontros com os acervos culturais do Recife. Em destaque, as comidas e as bebidas nos hábitos da região como construtoras de uma "cara urbana" da cidade, trazendo os retratos sociais da vida cotidiana da capital pernambucana. Ele afirma que as referências do território carregam os imaginários da região, e tudo isso se inclui no sentido vivo e moderno da cultura.

> Cafés do Recife – uma fartura de vinho de jenipapo, folhas de canela aromatizando o ar com o seu cheiro tropical [...] quitutes e doces enfeitados com flores de papel recortado, anunciando uma culinária e uma confeitaria [...] (Freyre, 1923, p. 3).

Assim, há uma busca do regional em um entendimento amplo de território, de sociedade, de patrimônio cultural; e isso não está isolado do contexto dos "loucos anos 1920", anos transgressores, em relação com as descobertas sobre o outro.

Nesses acervos de representação pela comida e pelas expressões da arte, reúne-se um sentimento de território que privilegia as formas de expressão do cotidiano.

Esses movimentos abarcam ainda a poesia, a literatura, a arquitetura, entre outras maneiras de traduzir as diferenças e a diversidade; e com esses olhares patrimoniais mostra-se uma civilização e se observa o sentido de moderno.

REFERÊNCIA

FREYRE, Gilberto. **Tempo de aprendiz**: artigos publicados em jornais na adolescência e na primeira mocidade do autor: 1918-1926. São Paulo: Global, 2016.

Farofa, divina farofa

2012

Está nos nossos hábitos alimentares comer a farinha de mandioca. Farinha pura sobre o feijão, ou misturada com outros ingredientes. Ela é usada tanto para preparos culinários salgados quanto doces.

Da farinha, surge uma receita celebrada nacionalmente: a farofa. A sua base é um tipo de farinha seca que é misturada a um ou mais ingredientes, que podem ser secos ou úmidos, como as gorduras, vegetais ou animais.

Além da farinha de mandioca, a base da farofa pode ser farinha de trigo, farinha de pão, farinha de milho ou um reaproveitamento do cuscuz de milho. Na presença ou ausência de aquecimento, acrescentam-se um ou mais ingredientes, doces ou salgados. Ainda, a farofa pode ser mais seca ou mais úmida, o que varia de acordo com a receita.

Entretanto, são as receitas à base de farinha de mandioca que atestam a identidade alimentar brasileira. Porque a farinha de mandioca é uma preferência nacional, seja na farofa, no pirão ou em outros usos.

A farofa é nacional, mas é também regional, criando assim as suas diferentes identidades. Por exemplo, com farinha seca e azeite de dendê temos a farofa vermelha, a farofa de dendê. A partir da regionalização da farofa, surgem diferentes opções de misturas com a farinha, que vão da abóbora cozida até a carne seca desfiada. São muitas as receitas de farofa que mostram o modo de comer à brasileira.

O brasileiro é um "comedor de farinha", um apreciador da farinha de mandioca; e há uma espécie de intimidade com a farinha, uma quase especialização na prática de escolher esse ingrediente: fina ou grossa; branca ou amarela; mais ou menos torrada; temperada com coco, com pimenta, com açafrão – são muitos os tipos de farinhas, cada um com sua variedade, e todos são celebrados nas nossas farofas.

A farofa está presente em diversos cardápios como acompanhamento de carnes, aves, legumes e peixes – além de ser delicioso colocar a farinha no prato sobre o molho da galinha de cabidela e fazer uma farofa na hora, ou amassar uma pimenta fresca e adicionar, a gosto, a farinha de mandioca –, mas nem sempre essa é a regra, e a farofa é um acompanhamento que pode ser também o prato principal.

Fazer a farofa é um ritual que se inicia no momento da compra da farinha, quando se verificam a textura e o sabor, formando o ideal aguardado do prazer e do sabor no momento da criação. É a mistura da farinha com outros ingredientes, um ideal de sabor que pode ser autoral. Pode-se misturar a farinha de mandioca com quase tudo: frutas, leguminosas, ovos, pimentas, peixes, aves, carnes, rapadura, melado, leite, açúcar, café... Assim, a farofa nasce da criatividade de cada pessoa, mas nem tudo vira farofa, pois é muito comum usar a farinha de mandioca como uma verdadeira "liga" entre tudo que estiver no prato. Por exemplo, quando a comida é mole, como uma quiabada, a farinha dá a ela uma consistência especial. Essa "liga" está em uma mistura consagrada, que é a de feijão com arroz e/ou macarrão (espaguete), quando a farinha cria um verdadeiro elo entre os ingredientes, e dá identidade para esse prato feito.

De volta às expressões regionais da farofa, na Bahia, na área do Recôncavo, há a farofa de bambá, que reúne farinha de mandioca, cebola, sal e o bambá – a parte sólida do azeite de dendê.

Destaque para as farofas especiais dos cardápios das festas, como a "farofa rica", que aproveita os miúdos bem temperados da ave que será assada; e a farofa com frutas secas e cristalizadas que integram os cardápios de carnes assadas e de presuntos. Também vê-se o uso das farofas como recheio para peixes assados inteiros, quando a farofa é acrescida de ovos, camarões, azeitonas, entre outros ingredientes. Já o "arrumadinho" é um caso culinário em que a mistura do feijão com a farinha de mandioca, a carne seca e outros ingredientes forma uma farofa que é considerada um prato principal.

Assim, por sua procedência, lugar, terroir, que determina o tipo, a variedade, a técnica, o estilo e consequentemente o sabor e o seu uso culinário, a farinha de mandioca acompanha o brasileiro no seu cotidiano, e marca a farofa como uma receita que lhe dá uma identidade expressa em muitos sabores.

A senhora que cozinha
A IABASSÊ

2021

A cozinha é um lugar especial nas nossas casas e em outros espaços que fazem e servem comida, como acontece nas feiras, nos mercados, nos restaurantes e, em especial, nos terreiros de candomblé, onde a cozinha é um espaço sagrado, pois a comida nas religiões de matriz africana é uma linguagem fundamental que faz parte das muitas maneiras de se comunicar com o sagrado.

No terreiro, há um entendimento de que tudo come. O chão come, as árvores sagradas comem, os atabaques comem, os assentamentos dos orixás comem, e tudo mais que tenha a função e o sentido para ser sacralizado terá um tipo de ingrediente, de preparo, uma receita para cada ritual específico.

A comida é uma complexa realização visual, estética e simbólica. Também o ato de comer significa a união do ato sagrado de se alimentar com o direito à soberania alimentar.

A alimentação cria unidade e preserva o axé. Além de orientar a vida dos membros dos terreiros, ela dá identidade e singulariza os calendários das obrigações religiosas de caráter interno, restritas à comunidade do terreiro, e das celebrações públicas, nas quais as comidas sempre têm um forte sentido socializador.

É comum que pessoas que não fazem parte da comunidade frequentem as festas dos terreiros com o objetivo de experimentar as comidas sagradas e de participar desses verdadeiros banquetes, que geralmente acontecem no final das celebrações.

Esse momento de comensalidade coletiva se dá com fartura de comidas, que além de sagradas são gostosas, porque a comida é fundamental nas relações sociais e na imagem religiosa do terreiro.

Assim, as pessoas responsáveis pelas cozinhas devem passar pela iniciação religiosa e, como se diz nos terreiros, é preciso também ter "mão de cozinha", ter vocação para a cozinha.

Conforme a tradição, uma mulher é escolhida para cozinhar para os deuses e para os homens, porque os cargos ou funções nos terreiros seguem critérios de gênero. Então realiza-se a iniciação da iabassê, que vai começar a experimentar um longo processo de aprendizado dos conhecimentos religiosos, transmitidos por diferentes membros do terreiro.

É função da iabassê cozinhar, escolher ingredientes, selecionar utensílios, conhecer maneiras especiais de cocção e de fritura, saber lidar com o fogo e mensurar as quantidades, além de saber apresentar as comidas nos diferentes momentos da vida religiosa do terreiro.

O preparo de variadas receitas e o uso dos ingredientes – os mais diversos – fazem parte da função social e hierárquica da mulher na cozinha do terreiro, que também passa a ocupar um significativo papel no âmbito sagrado e no cotidiano da comunidade.

Dos mais elaborados cardápios ao uso de um acaçá, tudo demonstra a função que cada comida tem no terreiro. Todas são importantes, todas terão um sentido, uma relação no entendimento do sagrado no cotidiano.

Os saberes culinários sobre diferentes técnicas, na sua maioria artesanais, devem ser muito consistentes. E para realizar tarefas tão elaboradas e que exigem tantos conhecimentos, a seleção da mulher que vai cozinhar segue muitos critérios, e um dos principais é a dedicação que ela deverá ter para acompanhar os muitos momentos da vida religiosa, com rotinas semanais, iniciações, obrigações e os calendários das festas que acontecem no terreiro.

Fazer a comida é uma ação diária que estabelece diálogos entre o homem e o sagrado, e que se relaciona com as formas rituais para o oferecimento, por exemplo, de um acarajé para Iansã ou de um prato de ebô para Oxalá, práticas que devem seguir preceitos que mostram diferentes aspectos: quantidade, tipos de utensílios e demais temas rituais integrados ao oferecimento de cada comida.

Além disso, outro critério importante para a escolha da mulher que cozinha no terreiro é a idade, já que a escolhida não pode mais menstruar, pois a menstruação é vista como um dos grandes tabus para quem escolhe, prepara e serve comida em âmbito sagrado.

Ainda, o papel social da mulher na cozinha sagrada integra-se a outras atividades hierarquizadas que se dão com a chegada das carnes e vísceras de diferentes animais que serão oferecidos de maneira ritual pelo axogum – o homem iniciado para os sacrifícios. E a iabassê deve seguir todas as orientações da ialorixá para preservar os muitos detalhes que fazem parte da preparação e da estética de cada comida.

Na ética dos terreiros, as comidas devem sempre dialogar com as demais linguagens, como música, dança, tradições orais, indumentárias.

Sem dúvida, há um outro entendimento sobre gastronomia nesses contextos que abrangem o sentido do sagrado. As receitas que são realizadas no seu rigor quanto ao uso de ingredientes, processos culinários, estética do prato, maneiras especiais de servir e demais referências, fazem de cada comida uma expressão única e complexa da memória cultural de matriz africana.

Muitos cardápios africanos são mantidos porque os terreiros vivem os seus sabores na vida diária e nas festas, e assim preservam esse patrimônio alimentar que faz parte também da vida de todos os brasileiros.

É tempo de quiabo
2006

A partir de 27 de setembro, data dedicada a comemorar os santos gêmeos São Cosme e São Damião, vive-se um extenso calendário de festas familiares e domésticas, além de outras de caráter público, destacando-se os terreiros de candomblé, quando, todos juntos, se unem na prática devocional de oferecer e de comer caruru.

É o ritual do quiabo, também conhecido como nafé, quingombô, gombô e quimbombô, entre outras maneiras de chamar esse legume que traz antigas memórias de ancestrais e de deuses que se ampliaram, se abrasileiraram, nas festas dos santos da Igreja, com o gosto e a estética do caruru.

As festas, na intimidade das casas ou nos barracões dos terreiros, são comumente e efetivamente chamadas de caruru dos meninos, caruru dos ibejis, caruru dos mabaços, caruru de dois-dois ou simplesmente caruru. Tudo no caruru nasce de um entendimento que é o agradar, agradecer, chamar, celebrar as crianças, em uma mistura entre santo popular totalmente apropriado e recriado na fé com os orixás gêmeos, infantis e patronais que são os ibejis, verdadeiros guardiões das casas, das famílias, das cidades do povo iorubá.

Caruru é um prato tradicional da cozinha afrodescendente feito de quiabo, camarão seco, cebola e azeite de dendê, e é também o nome dado a um cardápio ampliado que é a reunião de outras comidas feitas com azeite de dendê, como vatapá, xinxim de galinha, acarajé, abará, efó e feijão-de-azeite, complementos como doboru (pipoca) e rolete de cana, e bebidas como aluá de milho e rapadura, vinho, cerveja, entre outras.

O caruru é um oferecimento coletivo a sete meninos que devem comer juntos na gamela de madeira ou na bacia, e lá está a comida de quiabo que é recoberta de farofa de dendê, ovos cozidos, jerimum, batata-doce entre outros complementos.

De maneira teatral e voraz, os meninos vão comendo de mão sob o olhar sincero e devocional dos que participam da festa, crendo que Cosme, Damião, ibejis e outros, como alabás, comerão pela boca infantil. Assim, a fome de quiabos é saciada.

A gamela só é retirada após o repasto ser consumido, quando um verdadeiro banho de "baba" e de dendê recobre os meninos que ali representam os santos, que se sentem satisfeitos por terem comido muito. Os santos estão bem alimentados e agora se pode servir o caruru e demais pratos de azeite para os participantes da festa.

Dessa forma, traz-se a África à boca e traz-se ao corpo a comida sagrada, pois tudo se une no quiabo, ingrediente das mesas cotidianas de muitas casas, restaurantes, bancas de feiras, mercados e terreiros, sendo base para outros pratos, como a quiabada, que deve ser comida com uma boa farinha de mandioca e pimenta "boa de arder" para ativar o sabor e apurar o paladar.

O caruru, consagrado com o quiabo, é o prato principal das festas de Cosme. Contudo, nas antigas receitas afro-baianas, também se encontram carurus de bredo, mostarda, vinagreira e outras folhas verdes, apresentando-se, assim, como um processo culinário de reunir verduras refogadas no azeite.

Há o costume de adicionar às panelas alguns quiabos inteiros, para indicar quem se responsabilizará por um novo caruru. Quem receber o quiabo inteiro no prato é o indicado por Cosme para oferecer o caruru, de fazer a "obrigação", pois Cosme e Damião exigem seu farto caruru untado com muito dendê. Geralmente, quem tem filhos gêmeos assume também a obrigação e a devoção de fazer o caruru.

O quiabo incorpora no imaginário afrodescendente um sentido fálico, e isso se fortalece nos rituais de fertilidade representados no nascimento das crianças, nas mulheres que querem ter filhos e que recorrem a Cosme, aos ibejis, prometendo quiabo, oferecendo o caruru.

Caruru é comida de vida, de união sagrada entre a mãe e o filho, e entre as crianças, Cosme e os ibejis.

Tradicionalmente, nesse contexto, cabe à mulher fazer a comida, o que expõe também o sentimento e a sabedoria feminina, remetendo à maternidade. É a mãe fazendo comida para o filho.

O caruru, essa festa/comilança que começa em setembro e pode se estender por outros meses, envolve muito quiabo, muito dendê e muita vontade coletiva de celebrar ritualmente santos e orixás que compartilham de um mesmo entendimento de fé/festa.

Comer caruru é uma experiência de corpo inteiro. É necessário sentir o gosto do dendê além da boca; o dendê que toca a pele, o quiabo que enche a mão junto ao bolo com farofa e ainda com um bom pedaço de galinha, misturando também pipoca e rolete de cana, tudo isso culminando em um gole generoso de aluá.

O caruru invade o corpo e invade principalmente o espírito, assumindo um conceito de fartura na sua mais plena realização e experiência socializadora e sagrada.

Caruru & carurus

2006

O caruru, comida consagrada nas culturas de matriz africana, é feito com quiabo, azeite de dendê e camarão defumado. Nos temperos, destaca-se o gengibre.

Na tradição iorubá o caruru é também um banquete dedicado aos ibejis, gêmeos protetores das famílias, das localidades – verdadeiros ancestrais responsáveis pela fertilidade de mulheres que desejam ter filhos.

Assim, de modo mais amplo, os ibejis são os protetores das crianças e, em especial, das crianças gêmeas, que são interpretadas, segundo a tradição iorubá, como uma marca sagrada.

O caruru dos ibejis, popularmente conhecido como caruru de Cosme, ou caruru das crianças, ou caruru de dois-dois, traz o sentido do duplo, reunindo o masculino e o feminino.

Além de ser uma comida consagrada, o caruru nomina um conjunto de comidas que formam o cardápio de festas nas casas, nos terreiros de candomblé, nos mercados e nas feiras.

A festa do caruru cria uma verdadeira mobilização de milhares de pessoas para homenagear os ibejis – que na história religiosa afro-brasileira são representados pelos santos católicos São Cosme e São Damião – por meio do oferecimento de comidas que têm como ingredientes principais o quiabo e o dendê; dessa forma, louvam e agradecem aos santos gêmeos.

Nessa festa-obrigação, o caruru faz parte de um grande banquete feito à base de azeite de dendê, com acarajé, abará, vatapá, efó, farofa de dendê, xinxim de galinha, acaçá branco, rolete de cana, pipoca, cocada branca e preta e bebidas doces bem populares, como o vinho moscatel e o aluá, uma bebida artesanal feita de rapadura e milho vermelho.

Na comensalidade do caruru, que é uma festa, reúnem-se adultos e crianças. Segundo a tradição, todas as comidas salgadas devem ser servidas em um único prato, e assim as porções oferecidas são de uma colher de sopa para cada tipo de preparo, porque este prato é uma verdadeira síntese do banquete ritual.

O caruru de quiabo e dendê, consagrado como prato e denominação de uma festa-banquete, é criação afrodescendente, mas, através desta nominação, vemos que há na cozinha de matriz africana uma relação com os povos nativos, pois o termo "caruru" é possivelmente indígena.

A palavra "caruru" é também uma denominação para uma variedade de folhas comestíveis brasileiras: caruru-rasteiro, caruru-de-porco, caruru-da-baía, espécies também conhecidas como bredo ou bredo-rasteiro. Todas essas folhas fazem parte de preparos que integram um elenco de comidas verdes que estão nos hábitos alimentares de muitos brasileiros. São espécies nativas que mostram possibilidades de usos e formas de aproveitamento do que popularmente se chama de "mato". Ainda, algumas receitas tradicionais de caruru de quiabo são acrescidas de bredo-de-santo-antônio ou outra folha, em um preparo essencialmente verde, sempre com azeite de dendê e temperos como camarões defumados e gengibre.

Isso mostra que são muitos os temas que trazem à boca este variado entendimento sobre o caruru, que vai à mesa para revelar os estilos brasileiros de comer o verde.

Tradições Congo-Angola
PATRIMÔNIOS SAGRADOS E AS COMIDAS DOS INQUICES

2012

O macrogrupo etnocultural amplamente conhecido como banto reúne diferentes modelos sociais, políticos e religiosos e inclui os segmentos Angola, Congo e Muxicongo, devidamente integrados e formadores da sociedade, da vida e da cultura brasileira.

Notabilizam-se, nesses segmentos, manifestações tradicionais e populares, especialmente nos terreiros de candomblé, no caso, no Terreiro do Bate-Folha, em Salvador, na Bahia.

A compreensão histórica e religiosa se dá na nucleação de diferentes modelos, chamados "nações". Assim, são reunidos acervos e patrimônios peculiares de grupos, de sociedades — todos formadores do povo brasileiro —, identificados por origens preferencialmente étnicas, mas também espaciais e geográficas, mostrando a diversidade de locais no continente africano.

A nominação Angola é ampla e geral para muitas manifestações afrodescendentes, indo desde o estilo e escola Angola de praticar capoeira até o samba de roda, que também é Angola na sua formação musical, instrumental e coreográfica.

O candomblé Angola, nesse contexto Angola no Brasil, é o lugar onde, preferencialmente, as manifestações banto se encontram reunidas e são vivenciadas pelo sagrado, agregando outras formas de ser Angola e de pertencer ao povo banto.

Nesse contexto, pode-se também incluir o que é Congo e Muxicongo, pois o uso e conhecimento mais amplo, quase sinônimo, do que é banto é nominado, genericamente, por Angola.

Certamente, há um trânsito entre os territórios da África real, identificada e reconhecida nas suas matrizes históricas, étnicas, sociais, religiosas e culturais, com a África idealizada, Mãe África, onde são recorrentes imaginários de origens conforme desejos subjetivos e por isso pessoais.

Vive-se um amplo patrimônio cultural Angola[1] no Brasil, e o Terreiro do Bate-Folha é exemplo vivo dessa trajetória heroica pela manutenção de memórias e de referências que singularizam modelos e sociedades.

Na cidade do São Salvador, onde, por variados motivos, celebra-se o importante e notório modelo etnocultural iorubá/nagô, valorizam-se o olhar e a compreensão de uma recuperação verdadeira da história do que é banto na Bahia e em particular do que é Angola, Congo e Muxicongo na formação da sociedade baiana, destacando-se assim o espaço físico e simbólico do Terreiro do Bate-Folha, não só para a cidade, mas também para a Bahia e para o Brasil.

---

1 Angola, nos seus quase 1,250 milhão de quilômetros quadrados de superfície, reúne povos que formavam nações do Reino do Congo, Matamba e Benguela, com estruturas e organizações sociais muito próprias. Nela ainda habitam mais de cem grupos culturais, como os Bakongo, Ambundu, Ovimbundu, Cokwe, Ovinganguela, Ociwambo e Khoisan.

Inquice, o ser sagrado

Os caminhos da resistência passavam, como ainda passam, pelos recursos sagrados, que, simbolicamente atualizados, conservam significados presentes nas relações sociais.

Para os iorubás e também para os fon-ewe, da costa ocidental da África, a vertente religiosa funciona como um elo que reúne liturgias, rituais diferenciados de iniciação e de culto aos ancestrais, aos fenômenos sacralizados da natureza. São orixás, voduns, todos deuses patronos, todos visíveis nos rituais religiosos, mas principalmente atuando e convivendo no cotidiano do homem brasileiro.

Para os de Angola, há uma categoria sagrada equivalente à divindade cultivada no Brasil como inquice (Nkice). Inquice para as águas, para a terra, para as matas, para os ventos, para as chuvas, para atividades civilizatórias como a caça e a transformação dos metais, entre outros domínios tecnológicos, sempre ungidos por uma afeição sagrada, viva e integrada à vida do homem angolano, agora angolano no Brasil, permanente pelo olhar e pela emoção diante do inquice.

A chegada dos portugueses ocorre com Diogo Cão, em 1482, na descoberta da foz do rio Zaire.

As relações comerciais entre portugueses e nativos se estendem do interior do Congo até o paralelo de Luanda, terra dos Ambundu, embora Luanda fosse território Quioco.

A importante presença dos bantos na formação do povo brasileiro se dá graças a uma variada produção cultural de grupos oriundos de diferentes sistemas sociais, religiosos, políticos e tecnológicos que tinham em comum o macrogrupo etnolinguístico banto, entre os quais podem ser citados os grupos Quicongo, Quimbundo, Lunda-Quioco, Umbundo, Genguela e Xindonga.

Os bantos fundam nossa africanidade em amplitude nacional. Suas vozes estão presentes na nossa vida, no nosso cotidiano, nas nossas festas, conformando com outros grupos do ocidente e do oriente da África o caráter/identidade do brasileiro.

Candomblé e nações

A designação do tão conhecido modelo religioso candomblé é banto, sendo de uso geral por todos os outros tipos de nações e demais sistemas etnoculturais.

 O termo candomblé averbado em todos os dicionários portugueses para designar genericamente os chamados cultos afro-brasileiros na Bahia [...] vem do étimo banto "kà-n-dóm-id-é" ou "kà-n-dóm-éd-é" ou, mais frequentemente "kà-n-dómb-él-é", ação de *rezar*, de *orar*, derivado nominal deverbal de "kulomba" ("kudomba"), *louvar*, *rezar*, *invocar*, analisável a partir do proto-banto "Kó-dómb-éd-á", *pedir pela intercessão* de (os deuses). Logo candomblé é igual a *culto, louvor, reza, invocação*, ou local de culto, sendo o grupo consonantal "-bl-" uma formação brasileira [...] (Castro, 1981, p. 60).

O candomblé é uma religião que se estabelece em nações, caracterizando cada terreiro como uma África em miniatura, consoante ao modelo étnico predominante e ao ideal de compreensão e respeito pela natureza, que é reorganizada simbolicamente nos objetos de funções e usos sagrados.

O cotidiano do terreiro segue uma rotina ritual orientada pela nação e pela equipe dirigente, pois o candomblé preza a hierarquia e a obediência como maneira de alcançar os conhecimentos sobre os orixás, voduns, inquices e caboclos, e busca oferecer ao iniciado um autoconhecimento fundado nas representações da natureza e na sabedoria dos ancestrais.

Tudo no candomblé é integrado e inter-relacionado, formando assim o axé. Tudo também é vital, vivencial, pois o candomblé é uma religião que exige experimentos, e por isso ela deve ser vista, cheirada, ouvida, comida e interpretada em todas as suas vocações sensoriais. Assume ainda o candomblé uma espécie de síntese de diferentes ideários africanos, muitas vezes vistos nostalgicamente devido às origens ou às tradições preservadas e adaptadas ao Brasil. Há também a ressurgência de uma concepção sobre a África por meio dos movimentos revivalistas reafricanizadores. O revivalismo é quase sempre um movimento social aliado a questões raciais e de fundo político, na retomada da cultura e dos padrões de identidade e de poder. Assim, o candomblé é um significativo espaço destinado às manifestações dos deuses e ancestrais africanos e assumidamente é um exemplo de resistência e promoção das culturas de procedência e de éthos identificados nas nações. Línguas, códigos de comportamentos, culinárias, músicas instrumentais e vocais, danças, gestualidades, indumentárias, arquiteturas, objetos diversos e, ainda, a visão monumentalista vinda da natureza, com árvores centenárias, representações do verde sagrado, riachos, fontes e cachoeiras, trazem valorativamente um mundo ritualizado, zelado pelos terreiros, constituindo assim os acervos religiosos.

Certamente, o apego do brasileiro aos símbolos elementais da natureza chega dos contatos e trocas com as culturas africanas, que trazem repertórios simbólicos e funcionais que determinam convivências e conivências com a vida e a ecologia. Há um amplo acervo patrimonial visível e vivente no Brasil de procedência e significado fon, iorubá e banto, entre outros modelos etnoculturais africanos.

As matrizes etnoculturais são mantidas e revigoradas no candomblé, seguindo o processo de nucleação chamado nação.

A identificação dos muitos grupos étnicos no Brasil deu-se pelo reconhecimento de suas línguas, critério também utilizado, hoje, no estabelecimento das nações de candomblé, nações dos maracatus, entre outros grupos organizados que são detentores de tradições afrodescendentes. Os termos religiosos, os nomes gerais para os alimentos, roupas, histórias, cânticos, entre outros, quando ouvidos em ewe, indicam o modelo Fon; ouvidos em iorubá, o modelo das nações Kêtu e Nagô; em quimbundo ou quicongo, indicam modelos Angola, Congo e Muxicongo. Assim, a partir das semelhanças, principalmente linguísticas, os modelos chamados nações foram organizados.

Hoje, o candomblé apresenta a seguinte divisão:

- Nação Kêtu-Nagô (iorubá);
- Nação Jexá ou Ijexá (iorubá);
- Nação Jeje (fon);
- Nação Angola (banto);
- Nação Congo (banto);
- Nação Angola-Congo (banto);
- Nação Muxicongo (banto);
- Nação de Caboclo (modelo afro-brasileiro).

Os diferentes sistemas etnoculturais, nações, têm correspondências funcionais e simbólicas, bem como processos de aproximação com a Igreja Católica. No caso, destaco as nações preferencialmente integradas ao Terreiro do Bate-Folha: Angola, Congo e Muxicongo. Aqui se constata um forte sincretismo entre os inquices e os santos.[2]

Todo o calendário de festas do Terreiro do Bate-Folha é orientado pelas datas do calendário católico, inclusive destacando-se no barracão, salão público das festas, um altar seguindo estilo e estética católica, onde está a imagem em madeira policromada de Santa Bárbara, santa patrona do terreiro e que é também o inquice Bamburucema.

---

[2] No imaginário religioso do Terreiro do Bate-Folha, além dos santos católicos que significam valores próprios e que ao mesmo tempo se referem aos inquices, estabelecendo assim sincretismos, destacam-se três esculturas antropomorfas feitas de madeira, exibindo cor negra, distinguindo-se assim do imaginário europeu. Essas esculturas são os inquetes e representam os inquices, que são vestidos com suas roupas cerimoniais, conforme cada festa. Os inquetes estão na sala de visitas da casa grande, ou seja, a casa que recebe os convidados, mantendo ainda suas características originais, móveis e objetos.

Quadro 1 – Nações de candomblé e divindades africanas

Nação Nagô-Kêtu	Nação Jeje	Nação Angola-Congo	Nação Caboclo	Religião católica
Orixá	Vodum	Inquice	Caboclo	Santo católico
Olorum ou Olodumarê	Mawu Lissa	Zâmbi ou Zambiapombo	Zâmbi ou Zambiapombo	Deus
Oxalá e suas concepções	Olissa	Lembá	Caboclo Malembá	N.S. do Bonfim
Oxalufã e Oxaguiã	Lissa	Lembarenganga	Caboclo Malembá	N.S. do Bonfim Menino Deus
Ogum	Gu	Unkosí	Sumbu Mucumbe	Santo Antônio ou São Jorge
Oxóssi	Aguê	Mutacolombô	Sultão das Matas Caboclo das Matas	São Jorge ou São Sebastião
Omolu	Sapatá	Kavungo	Burungunço Cuquete	São Lázaro ou São Roque
Xangô	Sobo	Cambaranguanje Unzazí	Cambaranguanje Zaze	São Jerônimo ou São Pedro
Iansã Oyá	Calé	Bamburucema Matamba	Bamburucema Matamba	Santa Bárbara
Oxum	Aziri Tobóssi	Quicimbe Caiala Dandalunda	Quincembe Caiala	N.Sr.a. das Candeias N.Sr.a. da Conceição
Iemanjá	Abê	Kukueto	Janaína Dona do Mar Sereia do Mar	N.Sr.a. da Conceição N.Sr.a. da Glória
Oxumaré	Bessém	Ongorô	Ongorô (caboclo que lida com as cobras)	São Bartolomeu
Ossãe	Agué	Katendê	Dona do Mato Caipora	São Benedito

(cont.)

Nação Nagô-Kêtu	Nação Jeje	Nação Angola-Congo	Nação Caboclo	Religião católica
Orixá	Vodum	Inquice	Caboclo	Santo católico
Iroco	Loco	Tempo	Tempo Encantado do Juremeiro	Bom Jesus São Francisco de Assis
Nanã	Nanã	Zumbá	Borocô	N.Sr.a. Santana
Ibeji	Ho-ho	Vunji	Ibeji	São Cosme e São Damião

As festas dos inquices

As festas religiosas dos terreiros funcionam como encontros e sociabilidades com a sociedade geral e com demais comunidades de candomblés e terreiros pertencentes a outras nações e segmentos religiosos, sendo grandes e fundamentais intermediadoras.

No caso, o calendário de onze festas que compõem o ciclo anual do Bate-Folha é uma demonstração da unidade Congo-Angola formadora do modelo etnorreligioso que é orientador e ao mesmo tempo construtor da identidade do terreiro.

Assim, cada festa tem um significado e é uma demonstração pública das relações e hierarquias do terreiro e dos princípios fundantes da própria história dos seguidores do Congo-Angola, ou ainda do Muxicongo, como muitos preferem ser identificados e denominados, marcando, dessa forma, diferenças e singularidades sociais, culturais e religiosas.

As festas têm dois momentos distintos: o primeiro interno e privado, e o segundo público e coparticipante do sagrado em espaços mais amplos, nos quais são exercidas dinâmicas, adesões e adaptações dos princípios religiosos Muxicongo.

A festa é um momento ritualizado em que culminam trajetórias e significados vivenciados no cotidiano dos terreiros, marcando-os como local de expressões estéticas que incluem roupas, música, dança, comida e adornos no barracão, entre outras manifestações sensíveis do imaginário afrodescendente.

Sem dúvida, a festa religiosa do candomblé é uma celebração plena de todos os papéis sociais determinados e desempenhados pelos indivíduos iniciados e por aqueles que vivem socialmente cada manifestação como visitantes, simpatizantes ou apreciadores dos rituais públicos, amplamente socializadores.

No imaginário geral dos candomblés da Bahia, muitos aspectos são comuns e por isso partilhados pelos diferentes segmentos etnoculturais (nações), mantendo, contudo, sinais visíveis de particulares identidades, todas auferidoras de singularidades e de diferenças religiosas e culturais.

Comidas sagradas

» **FESTA DE LEMBÁ**

Festa em que se comemora o inquice Lembá, responsável pela criação do mundo e do homem. Inicialmente, na época de Bernardino, fundador do terreiro, era realizada no primeiro dia de janeiro, depois passou a ser celebrada no primeiro sábado de janeiro, calendário seguido até hoje no terreiro.

A parte pública dessa festa acontece no barracão, quando um grande tecido branco, alá, serve para acolher os inquices, que realizam suas danças litúrgicas.

É uma festa em que a cor branca é exigida, tanto nas roupas dos inquices como dos membros do terreiro e convidados.

A festa de Lembá comporta um calendário de dezesseis dias, quando são realizadas cerimônias internas e privadas e rituais públicos.

Os alimentos principais da festa são: massango (milho-branco cozido sem temperos), unrrita (acaçá, massa de milho-branco sem condimentos cozida e envolta em folha de bananeira), farofa de inhame e vuluna (galinha cozida em azeite doce).

Todos esses alimentos são servidos ao público e aos membros do terreiro no barracão.

Os inquices homenageados são Lembá de Anganga, Lembá Furamã e Gangazumba.

» FESTA DE KAVUNGO E ZUMBÁ

Acontece no último sábado de janeiro, lembrando o calendário de Bernardino. Essa festa compreende um período de dezesseis dias, sendo dois dias públicos.

As comidas oferecidas seguem o cardápio tradicional do terreiro: bangolango (caruru), makundê (feijão-fradinho), makundê axaputu (feijão-preto) e karamborô (xinxim de galo).

Os inquices homenageados são Ngana Kingongo e Zumbá, relacionados com a terra e com a criação do mundo, especialmente Zumbá.

» FECHA

Festa que antecede a Quaresma, similar ao Lorogun dos iorubás. Todos os inquices são chamados e preparados para uma cerimônia que lembra uma viagem de retorno à África para guerrear; assim, portam capangas, bolsas feitas de tecido e que contêm fubá de milho e de amendoim, castanha e licuri com farinha de mandioca. Na área externa próxima à casa grande, os inquices fazem danças de guerra, portando nas mãos folhas de nativa (peregum). Em seguida, as capangas são recolhidas nos unzós, casas dos inquices, lá permanecendo até o Sábado de Aleluia.

Os alimentos mencionados são também distribuídos ao público.

» ABERTURA

Festa realizada no Sábado de Aleluia, iniciando-se às dez horas da manhã com foguetório e toque, música ritual religiosa realizada pelos ngomas, instrumentos membranofones, e atabaques. Essa cerimônia é dedicada aos membros da comunidade.

» FESTA DE KUKUETO

Festa que acontece no último sábado de maio, comemorando o inquice do mar e da maternidade. A festa no terreiro segue o formato convencional, marcando no sétimo dia uma cerimônia em que se prepara o presente. São dois balaios, um dedicado a Dandalunda e outro a Kukueto. O primeiro presente sai de madrugada até o Dique do Tororó para ser colocado na água doce. O segundo é colocado na praia de Itapoã em um local determinado, ao qual se chega com uma embarcação que conduz os membros da comunidade do terreiro, inclusive os xicarangomes, músicos instrumentistas.

Essa comemoração é também obrigação religiosa de dona Olga Conceição Cruz, Nengua Ganguasense, filha de Kukueto, hoje a iniciada mais velha da casa. Essa festa segue também o ciclo de dezesseis dias, quando são oferecidas as comidas tradicionais do cardápio do terreiro, destacando-se o massango de Kukueto, feito de milho-branco, dendê e temperos, além de outros pratos.

Os inquices homenageados são Dandalunda Kaité e Kukueto.

» FESTA DE UNKOSSI E MUTACOLOMBÔ

Festa que acontece no dia 13 de junho, dia de Santo Antônio, ou no primeiro sábado seguinte. Seguindo a tradição do terreiro, também cumpre um período de dezesseis dias, comemorando o inquice das ruas e das estradas, Unkossi, e seu irmão Mutacolombô, inquice das matas e das caças.

Os alimentos servidos são inhames assados e untados com azeite de dendê e milho vermelho cozido com coco.

Nessa ocasião também é acesa uma fogueira em louvor dos inquices.

» FESTA DE UNZAZI

A festa acontece nos dias 24 ou 29 de junho, datas respectivamente dos santos João e Pedro no calendário católico. A alternância das datas se dá pelas celebrações populares e tradicionais, especialmente de São João, fortemente vivenciadas na Bahia. Assim, busca-se compatibilizar os festejos populares com os religiosos do terreiro.

As festas de junho são marcadas pelas fogueiras, ocorrendo obrigatoriamente nas vésperas. Ao mesmo tempo, no terreiro, é oferecido um alimento à base de milho amarelo. Segue-se ainda um calendário de dezesseis dias, mantendo as características tradicionais do terreiro.

Integrado ao ciclo de Unzazi, é realizado, em intervalos de três anos, o Gongá, que é uma cerimônia lembrando a visita de Gangazumba a Unzazi. Isso se dá com um cortejo processional, quando o assentamento do inquice Gagazumba vai à fogueira, que representa Unzazi.

Os inquices homenageados são Luango Unzazi. São inquices relacionados ao fogo, aos trovões e a outros fenômenos meteorológicos.

» FESTA DO CABOCLO

A festa acontece no dia 2 de julho, quando se comemora a independência da Bahia, data popularmente conhecida como Dia do Caboclo. Tudo acontece ao ar livre diante de um assentamento dedicado aos caboclos Unzekai e Lage Grande. Uma fogueira é acesa desde a véspera, permanecendo até o final dos rituais, sinalizando assim o tempo da festa.

Também folhas de coqueiro e dendezeiro adornam os assentamentos onde são colocadas inúmeras frutas, lembrando um ambiente nativo e tropical. Vasta culinária à base de milho forma o cardápio da festa, destacando os seguintes pratos: axoxó, milho assado, pamonha de milho, pamonha de carimã, amendoim cozido, abóbora cozida inteira, salada de frutas e a jurema, que é uma bebida feita com a entrecasca da jurema e mel de abelha. Essa bebida é servida aos visitantes, mantendo o valor e o significado de uma comunhão.

No final dos festejos, todas as frutas são distribuídas entre os presentes, reforçando assim o imaginário de fartura alimentar que caracteriza o universo dos donos da terra, os caboclos.

» **FESTA DE TEMPO**

A festa acontece no dia 10 de agosto, dia dedicado a São Lourenço no calendário católico, e também compreende um período de dezesseis dias.

Essa festa adquire caráter especial por comemorar o inquice patrono da nação Angola, compreendendo os modelos etnoculturais Congo e Muxicongo. Por essa razão, é servido um amplo cardápio, com mais de vinte pratos diferentes. As comidas chegam em cortejo processional até a árvore sagrada conhecida como pé de Loko, uma gameleira devidamente adornada de ojás, flores e mariô – folhas de dendezeiro desfiadas. Alguns alimentos são compartilhados com o público, como farofas e a meladinha, uma bebida feita à base de aguardente e mel de abelha.

Os rituais são iniciados ao ar livre perante a árvore sagrada e ao som dos ngomas, seguindo com danças rituais no barracão.

No sétimo dia, no final da tarde, no pé de Loko, onde se encontra o assentamento de Tempo, acontece o sacudimento, uma limpeza feita com inçabas, folhas como as de canela-de-velho, são-gonçalinho e outras. Ainda nessa ocasião, à noite, um tabuleiro de pipocas é levado por uma filha do inquice Dandalunda e colocado no assentamento. Após essa cerimônia, as pipocas são depositadas na árvore e, como um banho ritual, são lançadas sobre as pessoas presentes. Ainda, essas pipocas são consumidas como alimento de grande valor ritual religioso.

A cerimônia do tabuleiro coincide com o dia 16 de agosto, dia dedicado no calendário católico a São Roque. Assim, marca-se o sétimo dia da obrigação do inquice Tempo, ampliando também as comemorações de Kavungo, similar ao Omolu dos iorubás.

» FESTA DE ONGORÔ E KATENDÊ

Essa festa acontece no dia 24 de agosto, dia dedicado a São Bartolomeu no calendário católico, ou no sábado seguinte. Compreendendo dezesseis dias, essa festa se notabiliza pelo oferecimento ritual de pratos preparados com feijão-fradinho e temperos e de lombo paulista acrescido de condimentos, especialmente para Ongorô. O apeté, prato preparado com batata-doce e dendê, é oferecido a Katendê.

Ongorô é um inquice representado pela serpente e pelo arco-íris, e Katendê é o inquice patrono de todas as folhas do mundo.

» FESTA DE BAMBURUCEMA E DANDALUNDA

Essa festa acontece em 4 de dezembro, dia dedicado a Santa Bárbara no calendário católico, ou no primeiro sábado seguinte.

Precede a festa uma missa, que é realizada na Igreja da Conceição da Praia ou na Igreja da Misericórdia, no último domingo de novembro. Na ocasião, a imagem de Santa Bárbara, especialmente confeccionada para o senhor Manoel Bernardino da Paixão, Tata Ampumandezu, é conduzida em procissão, visitando os diferentes espaços do terreiro. Finalizado o cortejo, a imagem de Santa Bárbara é conduzida para o barracão ao som dos ngomas, quando retorna ao altar que se encontra nesse recinto, assim permanecendo até o próximo ano. Essa festa é marcada pelo alimento principal de Bamburucema: o acarajé. Na ocasião, é também festejada Dandaluna, inquice da água doce fortemente relacionado com Nossa Senhora da Conceição.

Os inquices homenageados são Bamburucema Anvula, Kaiango Kapanzo, Dandaluna e Dandaluna Queassimbe Que a Masse.

Cabe destacar também os seguintes inquices e suas homenagens:

- Ungira Mavambo: inquice responsável por manter comunicação entre os homens e os outros inquices. É similar ao Exu dos iorubás. É homenageado uma semana antes de cada festa.
- Vungi: inquice infantil comemorado no segundo dia de todas as festas, com distribuição de doces variados.
- Vumbi: ancestral similar ao egum dos iorubás, que é reverenciado no dia 2 de novembro, data marcada no calendário católico como Dia de Finados.

PESQUISA

Pesquisas etnográficas realizadas no Terreiro do Bate-Folha a partir de 1972, acompanhando festas de inquices e o cotidiano da comunidade e compreendendo visitas a espaços verdes, áreas externas e sagradas (árvores, unzós, casas e pejis dos deuses cultuados no Angola, Congo e Muxicongo).

REFERÊNCIAS

ANTONIL, André João. **Cultura e opulência do Brasil por suas drogas e minas**. São Paulo: Companhia Editora Nacional, 1961. (1. ed. 1710).

BASTIDE, Roger. **As Américas negras**: as civilizações africanas no Novo Mundo. São Paulo: Difel: Edusp, 1974.

BASTIDE, Roger. **As religiões africanas no Brasil**. São Paulo: Pioneira, 1985.

BONFIM, Martiniano Eliseu. 12 ministros de Xangô. **Estado da Bahia**, Salvador, 19 abr. 1937.

BRANDÃO, Carlos Rodrigues. Congos, congadas e reinados: rituais de negros católicos. **Cultura**, Brasília, DF, v. 6, n. 23, p. 78-91, out./dez. 1976.

CARNEIRO, Edison. **Religiões negras, negros bantos**. Rio de Janeiro: Civilização Brasileira, 1981.

CARNEIRO, Edison. **Samba de umbigada**. Rio de Janeiro: MEC, 1961.

CARYBÉ; AMADO, Jorge; VERGER, Pierre; REGO, Waldeloir. **Iconografia dos deuses africanos no candomblé da Bahia**. Salvador: Fundação Cultural do Estado da Bahia: UFBA, 1980.

CASTILHON, Jean-Louis. **Zingha, reine d'Angola, histoire africaine**. Bourges: L'Association Ganymede, 1993.

CASTRO, Yeda Pessoa. Língua e nação de candomblé. **África**: Revista do Centro de Estudos Africanos da USP, São Paulo, n. 4, 1981.

CUNHA, Manuela Carneiro da. **Negros estrangeiros**: os escravos libertos e a sua volta à África. São Paulo: Brasiliense, 1985.

CURTIN, Philip Dearmond. **Atlantic slave trade**: a census. Madison: University of Wisconsin Press, 1969.

DAVID, F. James. **Who is black? One nation's definition**. Pennsylvania: Pennsylvania University Press, 1991.

FREITAS, Décio. **Palmares**: a guerra dos escravos. Porto Alegre: Mercado Aberto, 1984.

FREYRE, Gilberto. **Casa grande & senzala**. Rio de Janeiro: J. Olympio, 1930.

GUIA brasileiro de fontes para a história da África, da escravidão negra e do negro na sociedade atual. Brasília, DF: Arquivo Nacional, Departamento de Imprensa Nacional, 1988. v. 1.

HERSKOVITS, Melville J. Os pontos mais meridionais dos africanos do Novo Mundo. **Revista do Arquivo Municipal de São Paulo**, São Paulo, v. 9, n. 95, p. 81-99, abr. 1944.

KUBIK, Gerhard. **Angolan traits in black music, games and dances of Brazil**: a study of African cultural extensions overseas. Lisboa: Junta de Investigações Científicas do Ultramar, Centro de Estudos de Antropologia Cultural, 1979.

LODY, Raul. Alimentação ritual. **Ciência & Trópico**, Recife, v. 5, n. 1, jan./jun. 1977.

LODY, Raul. Arquitetura, religião e trópicos. *In*: CONGRESSO DE TROPICOLOGIA, 1., 1987, Recife. **Anais** [...]. Recife: Fundaj, 1987.

LODY, Raul. Artes étnicas: um estudo sobre o fazer e o significar do patrimônio material do homem africano no brasil. **Tempo Brasileiro**, Rio de Janeiro, v. 92-93, n. 173-186, jan./jun. 1988.

LODY, Raul. **Coleção arte africana**. Rio de Janeiro: Museu Nacional de Belas Artes, 1983.

LODY, Raul. **Coleção Arthur Ramos**. Rio de Janeiro: Funarte, INF; Fortaleza: UFCE, 1988.

LODY, Raul. **Coleção Maracatu Elefante e de objetos afro-brasileiros**. Recife: Museu do Homem do Nordeste; Rio de Janeiro: Funarte, 1988.

LODY, Raul. **Cultura material dos xangôs e candomblés**: em torno da etnografia religiosa do Nordeste. Rio de Janeiro: Funarte, 1987.

LODY, Raul. **Expedição Langsdorf**: Rugendas, Taunay e Florence. Rio de Janeiro: Alumbramento: Livroarte, 1988. 3 v.

LODY, Raul. Identidades culturais: Brasil-África-Brasil. **Diário de Pernambuco**, Recife, 9 maio 1988.

LODY, Raul. **Pencas de balangandãs da Bahia**: um estudo etnográfico das joias-amuletos. Salvador: Museu Carlos Costa Pinto; Rio de Janeiro: Funarte, INF, 1988.

LODY, Raul. **O povo do santo**. Rio de Janeiro: Pallas, 1995.

LODY, Raul. **Quando eu vim lá de Luanda**: exposição fotográfica do Maracatu Leão Coroado. Recife: Galeria Metropolitana, 1989.

LODY, Raul. **Santo também come**. 2. ed. Rio de Janeiro: Pallas, 1998.

MAIO, Marcos Chor; SANTOS, Ricardo Ventura (org.). **Raça, ciência e sociedade**. Rio de Janeiro: Fiocruz, 1995.

MATTOSO, Katia Queiroz. **Ser escravo no Brasil**. São Paulo: Brasiliense, 1990.

MORAES FILHO, Alexandre José de. **Festas e tradições populares no Brasil**. Belo Horizonte: Itatiaia; São Paulo: Edusp, 1979.

MOURA, Clóvis. **Quilombos**: resistência ao escravismo. São Paulo: África, 1989.

MUSEU DE ANGOLA. **Coleção etnográfica**. Luanda: Museu de Angola, 1955.

OLIVEIRA, Mário Antônio Fernandes. **Reler África**. Coimbra: Universidade de Coimbra, Instituto de Antropologia, 1990.

ORTIZ, Renato. **Cultura brasileira e identidade nacional**. São Paulo: Brasiliense, 1985.

PARREIRA, Adriano. **Dicionário glossográfico e toponímico da documentação sobre Angola**: século XV-XVII. Lisboa: Estampas, 1990.

QUERINO, Manuel. **Costumes africanos no Brasil**. Organização e notas de Raul Lody. 2. ed. Recife: Fundaj, 1988.

RAMOS, Arthur. **As culturas negras no Novo Mundo**. Rio de Janeiro: Civilização Brasileira, 1937.

REDINHA, José. **Etnias e culturas de Angola**. Luanda: Instituto de Investigação Científica de Angola, 1975.

REDINHA, José. **Instrumentos musicais de Angola**: sua construção e descrição. Coimbra: Universidade de Coimbra, Instituto de Antropologia, 1984.

REGO, Waldeloir. **Capoeira Angola**: ensaio socioetnográfico. Salvador: Hapuã, 1968.

SCHWARCZ, Lilia Moritz. **O espetáculo das raças**. São Paulo: Companhia das Letras, 1993.

SILVA, Alberto da Costa. **A enxada e a lança**: a África antes dos portugueses. Rio de Janeiro: Nova Fronteira; São Paulo: Edusp, 1992.

SKIDMORE, Thomas. **Preto no branco**: raça e nacionalidade no pensamento brasileiro. Rio de Janeiro: Paz e Terra, 1976.

TINHORÃO, José Ramos. **Os sons negros no Brasil**. São Paulo: Art Ed., 1988.

VERGER, Pierre. **Orixás**: deuses iorubás na África e no Novo Mundo. Salvador: Corrupio, 1981.

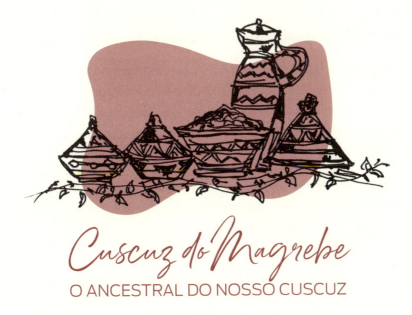

Cuscuz do Magrebe
O ANCESTRAL DO NOSSO CUSCUZ

2008

O cuscuz é um prato típico do Magrebe, região norte do continente africano que compreende principalmente o Marrocos, a Argélia e a Tunísia. De procedência berbere, o cuscuz é uma significativa especialidade local.

O cuscuz, em si, é uma espécie de semolina extraída dos grãos do trigo. Até pouco tempo atrás, a família carregava um moinho com o grão adquirido no mercado, que vinha já macerado, e o processava finamente, conforme a preferência. Depois, em casa, a mulher colocava os grãos em uma grande gamela de madeira, e pulverizando-os pouco a pouco com água, esfregava-os entre os dedos para umedecê-los. Isso se fazia para que os grãozinhos permanecessem separados durante o cozimento a vapor que vinha depois.

Hoje, por comodidade, quase todos adquirem a farinha já pronta. São infinitas as versões, regionais e familiares, desse prato. E cada vez é diferente, com as mulheres colocando à prova suas habilidades para variar as receitas, porém mantendo-se fiéis às tradições.

O cozimento do cuscuz é feito no vapor, em uma panela especial colocada sobre uma caçarola que contém um guisado ou um caldo. Esse guisado, em geral, é preparado com carne, normalmente carneiro ou galinha, e diferentes legumes. À parte, também estão presentes o grão-de-bico e, às vezes, a uva-passa.

Frequentemente, colore-se o caldo de vermelho, com o uso de tomates, ou de amarelo, com o açafrão. Também se colocam diferentes especiarias em quantidades que não possibilitam reconhecer especificamente cada uma.

É muito comum que se prepare, com parte do caldo, um molho marcadamente picante com pimenta-de-caiena ou malagueta (chili), e um concentrado de pimentão vermelho chamado de harissa (pimentão vermelho picante, alho, coentro seco, sementes de cariz – alcaravia –, menta seca, folha de coentro fresco, sal e azeite de oliva). Esse molho é servido à parte, colorindo com maior intensidade o prato, ou seja, tornando-o mais apimentado para aqueles que desejam um sabor mais inflamado e inebriante.

Na cidade de Fez, no Marrocos, os guisados de carne são mais leves: os ingredientes são cozidos e condimentados com muita delicadeza. Na Tunísia e na Argélia, são diferentes, mais substanciosos e saborosos: a carne e às vezes também os legumes são antes corados em azeite de oliva. Os tunisianos parecem preferir os molhos decisivamente picantes, e por isso colocam pimenta-de-caiena e chili. Os argelinos trazem do passado o tomate, todavia os marroquinos preferem o perfume e a cor do açafrão.

Uma forte influência francesa sobre a cozinha argelina induziu as gerações mais atuais a usar nos guisados legumes europeus, como feijãozinho, ervilha e cenoura.

A preparação do cuscuz é muito simples, entretanto pede um tratamento preciso: os grãozinhos de semolina devem ficar inchados, leves, aveludados e bem separados um do outro.

Não tomando cuidado, o cuscuz sai grudado e pesado. Os grãos não devem ser cozidos no caldo ou no molho, mas sempre no vapor; também não devem tocar o líquido da panela sobre a qual a cuscuzeira está colocada.

A cuscuzeira, ou seja, o recipiente tradicional, de cobre ou louça de barro, ou ainda de alumínio (a inovação mais recente), é constituída de duas partes. A parte inferior é um recipiente redondo no qual se cozinha o guisado. A parte superior tem uma forma semelhante, porém com "furinhos" no fundo, e é aí que se põe o cuscuz. Quando não há uma cuscuzeira tradicional, é possível utilizar uma panela a vapor ou uma peneira metálica que se adapte a uma grande caçarola.

Para fazer o cuscuz, molhe-o com um pouco de água fria, mexendo com os dedos de modo a não deixar formar grumos. Derrame-o na parte superior da cuscuzeira quando faltar cerca de uma hora para o término do cozimento do guisado que está fervendo no recipiente inferior. Mexa os grãos com as mãos para organizá-los e permitir que inchem apropriadamente. Deixe o cuscuz exposto ao vapor por cerca de trinta minutos. Depois, passe-o para uma ampla terrina e borrife-o abundantemente com água fria, mexendo com uma colher para esfarelar eventuais grumos e separar os grãos que se juntaram.

Agora, se desejar, acrescente um pouco de sal (contemporaneamente, tem-se acrescentado uma colherada de azeite de oliva). Passe novamente o cuscuz para a parte superior da cuscuzeira e prossiga com o cozimento no vapor por mais trinta minutos. Alguns preferem cozinhar o cuscuz expondo-o apenas ao vapor da água fervente, servindo-o com um guisado preparado à parte.

Hoje, é possível encontrar à venda o cuscuz pré-cozido, cuja preparação pede pouquíssimos minutos. Siga o modo de preparo descrito na embalagem do produto.

Feijoada
UMA PREFERÊNCIA NACIONAL

2001

É preciso comer

Comer é um ato pleno de celebração e de significados.

Comer é, inicialmente, um ato biológico, pois para viver é preciso comer, mas também é um ritual cotidiano pleno de símbolos. Símbolos da casa, da rua, das manifestações religiosas, das festas, dos restaurantes, do fast food, da feira, do mercado, entre tantos outros lugares da nossa comunidade, da região, do país.

À mesa vivem-se grandes momentos familiares, com amigos ou então construindo novas relações sociais e ainda confirmando laços e parentescos em torno de uma comida e de uma bebida.

Os ingredientes, seleções de temperos, modos de fazer e de servir atestam os diferentes sistemas ecológicos, etnias, culturas, formando assim identidades de povos, civilizações, de indivíduos singularizados pelo que comem, como comem, onde comem e principalmente pelo que significa de valor, de memória e de funcionalidade cada prato, cada receita, cada gastronomia. Gastronomia é patrimônio, tão patrimônio como uma igreja barroca, uma joia de ouro ou qualquer outro testemunho cultural.

A comida inclui-se como um dos mais importantes patrimônios de um povo, tão importante como a língua que é falada, a história e a mitologia que explicam o aparecimento dos fundadores de uma cultura, de uma civilização.

Por isso, cada vez mais a gastronomia, internacionalmente, é valorizada, mantendo assim diferenças de cardápios, produtos e usos dos alimentos integrados à vida dos grupos, dos povos e, sem dúvida, de cada indivíduo.

O Brasil, em sua diversidade ecológica, étnica, social e cultural, encontra no feijão e em suas variedades de tipos um alimento que identifica o país. O brasileiro tem hábitos alimentares cotidianos e também nos cardápios especiais, comemorativos e de festas, em que o feijão, temperos e adubos enriquecem receitas e sabores de dezenas de pratos que fazem as delícias dos encontros e das celebrações.

Feijão e dendê, uma combinação tradicional da mesa afrodescendente; feijão, carne de charque e farinha de mandioca, uma mistura regional, nordestina; feijão-preto, carnes e miúdos de boi e de porco, arroz branquinho, temperado com cebola, couve à mineira, molho de pimentas frescas e uma boa "branquinha" fazem o cardápio da tão celebrada feijoada. Ainda laranja, torresmo e outros acréscimos, como a farinha de mandioca seca, fininha. É a chamada feijoada clássica carioca, ganhando notoriedade e aceitação em todo o Brasil.

Feijão é gostoso e tem "sustança", sendo, dos alimentos, certamente o mais popular e básico para novas receitas, e assim conquistando outros sabores, pois a cozinha/gastronomia é um permanente espaço de tradição e de mudança, espelho do que acontece com a própria cultura.

Feijoeiros

Sob as denominações de feijoeiros e feijões estão incluídas plantas e sementes de diversas espécies, reunindo dezenas de tipos. As espécies principais são do gênero *Phaseolus*: *Phaseolus aconitifolius* Jacq. (origem americana), *Phaseolus angularis* Willd. (origem japonesa), *Phaseolus aureus* Roxb. (cultivado há muito tempo na Índia), *Phaseolus lunatus* L. (origem na Guatemala) e *Phaseolus vulgaris* L. (origem na América do Sul).

Levado para Portugal no século XVI, o *Phaseolus vulgaris* L. resultou em profundas transformações na agricultura e na alimentação, combinando-se com o milho e a abóbora, substituindo algumas leguminosas como as lentilhas e criando novos cardápios.

Para Angola, introduzido pelo brasileiro, foi o *Phaseolus aureus* Roxb., assim como a nossa mandioca nativa, que também compõe com o feijão a dieta mais popular e nacional desse país africano.

Feijoadas: as grandes misturas

Os pratos misturados, reunindo diferentes tipos de carnes, pescados, crustáceos, temperos, leguminosas, são uma antiga tradição europeia, reunindo assim em uma mesma panela ingredientes que se complementam, intercambiando sabores e adquirindo rica e especial identidade. Exemplos: o cozido português, o cozido espanhol, ou ainda o cassoulet na França, feito de feijão-branco e incluindo carnes de carneiro, porco, toucinho de porco, pato, ganso e muitos outros temperos.

No Brasil colônia e império, o cardápio dos escravos variava conforme as opções de ingredientes. Contudo, vigorava uma base formada de pirões de milho e de farinha de mandioca, opções de peixes salgados e frutas que, integrando-se aos outros cardápios, a saber, os europeus, trazendo a experiência de muitos contatos com especiarias, receitas e modos de fazer e de servir orientais, ampliaram os gostos e as opções gastronômicas.

O homem português, já habituado às misturas de legumes e carnes variadas, de certa maneira é um agente civilizador do comer no Brasil, estando também sensível aos aspectos econômicos e sociais de novos pratos e novas misturas.

Atribui-se a aceitação nacional da feijoada a seu valor nutritivo, pois ela, muito mais que um prato, é um verdadeiro cardápio. O feijão e as misturas refletem também uma grande mistura de povos, etnias e culturas que caracterizam o brasileiro em diferentes cenários ecológicos, do litoral atlântico aos sertões, cerrados, pantanais, vastas bacias hidrográficas como a amazônica, entre outros.

Além de forte inspiração na cozinha ibérica, Portugal e Espanha, os encontros da África com a vida brasileira fazem da feijoada um prato/cardápio que traduz aspectos do ser brasileiro. Do encontro plural, complexo e de identidades tão marcadas pelo que se come e se manifesta nos rituais diversos da alimentação.

Um processo brasileiro

Spix e Martius falam de uma alimentação grosseira de feijão-preto, fubá de milho e toucinho de porco, cardápio bem popular, semelhante ao de escravos em Minas Gerais e na Bahia, com feijão, banana, toucinho e carne-seca.

Aí está a base da nossa tão celebrada feijoada brasileira, segundo um estilo à carioca, feita de feijão-preto e porco em diferentes interpretações: orelhas, pés, rabinhos, toucinho, todos devidamente bem salgados para assim conservar as iguarias, acrescentando-se carne fresca, daí o nome verde e de boi; carne-seca ou carne de charque, também salgada, além dos embutidos como linguiças de carne de porco de diferentes tipos: defumada, paio e outras. O feijão bem cozido, deixando aquele caldo grosso, generoso, e as carnes em quantidade, pois comer feijoada é o mesmo que comer muito e com muita gente – se há um prato socializador, é sem dúvida a feijoada.

Atribui-se à feijoada uma procedência afrodescendente, trazendo, em especial, os miúdos do porco para um aproveitamento gastronômico, ampliando e enriquecendo as opções da dieta alimentar dos escravos, sempre combinadas com as frutas disponíveis, como a banana.

Há ainda uma combinação obrigatória na feijoada histórica e na contemporânea, que é a do acompanhamento de frutas cítricas. A laranja em pedaços e o limão misturado com cachaça e açúcar para apurar e apontar sabores das carnes salgadas, do arroz, da farinha de mandioca que cobre o feijão ou em forma de farofa acrescida de ovos e demais temperos. Ainda as pimentas, sempre frescas, especialmente vermelhas, como vermelho é o fogo, e o sabor que amplia o gosto e estimula a comer, comer muito no tempo quase mágico que a comida indica e traduzindo inúmeros significados para o cotidiano e a festa.

Além da nacional feijoada de feijão-preto, notadamente no Nordeste há a feijoada de feijão-mulato ou feijão-mulatinho, seguindo o mesmo princípio de carnes, mas prevalecendo carne de charque, carne fresca e acréscimos com as chamadas verduras – quiabo, abóbora ou jerimum, jiló, maxixe, entre outros. Essa feijoada caracteriza-se pelos adubos frescos.

Caldos e outras bebidas anunciam que chegou a feijoada

O caldo grosso e apurado do feijão bem cozido e enriquecido pelas carnes e variados temperos é considerado excelente "abrideira", ou seja: o caldo de feijão, ou, como é popular e carinhosamente chamado, "caldinho de feijão", é um início, um preparar do paladar para a feijoada que assim se anuncia.

O mesmo acontece com outros pratos fortes ou de "sustança", como o cozido e o mocotó, cujos caldos são separados e servidos antes da refeição. Quase sempre os caldinhos têm acréscimos de pimenta, azeite de oliva e sal, conforme o desejo de quem consome.

Ainda outra consagrada "abrideira" é a aguardente de cana-de-açúcar, a tão nossa e celebrada cachaça, também chamada de "branquinha" ou "purinha".

A cachaça acrescida de limão e açúcar resulta em uma bebida integrada ao cardápio da feijoada, que é a tão conhecida "caipirinha".

O limão funciona também na feijoada, como acontece com a laranja, como digestivo das muitas misturas, gorduras, temperos e pimentas que fazem a delícia desse banquete tão popular e tão brasileiro. Os cítricos (*Citrus* sp.), em que se incluem o limão e a laranja, são originários da Ásia. As frutas chegaram à Europa pelo Mediterrâneo por intermédio dos árabes, atingindo a Península Ibérica. Os árabes também difundiram alguns cítricos na costa ocidental africana.

O Brasil, juntamente com Egito, Moçambique, África do Sul, Argentina, Estados Unidos, China, Turquia, Índia, Itália e Espanha, está entre os maiores produtores do mundo.

Glossário

- ADUBOS: temperos, enriquecimentos de vários produtos nas receitas.
- CARNE-SECA: o mesmo que carne de charque ou carne do sertão.
- FEIJÃO-DE-AZEITE: feijão do tipo mulato ou do tipo fradinho, temperado com azeite de dendê.
- FEIJÃO E CARNE: o mesmo que feijoada.
- FEIJOADA COMPLETA: com uma variedade de carnes salgadas e carnes frescas.
- FEIJOADA SIMPLES: geralmente, com carne-seca e carne fresca.
- SUSTANÇA: bom alimento, sendo o mesmo que alimento forte, que sustenta o homem por um dia. Um autêntico e generoso mata-fome é a feijoada, consagradamente um prato de sustança.

Calendário

1. Os dias da semana consagrados à feijoada são quarta-feira e sábado. É cardápio que exige tempo e certa reflexão para ser lentamente consumido, conforme os rituais indicados. Inicialmente, um caldinho, uma abrideira, depois os feijões e os acréscimos seletivos das carnes, combinando farinha ou farofa, molhos de pimenta e pedaços de laranja.

2. O ano todo é tempo de incluir feijoada nos cardápios semanais e nos das festas populares, entre outras datas especiais.

3. Feijoada, ou um convite para feijoada, significa o mesmo que um convite para festa, tendo em vista a ritualidade de consumir a variedade de ingredientes que fazem o cardápio.

4. Feijão de Ogum é feijoada ritual religiosa servida nos terreiros de candomblé, geralmente no mês de junho, cumprindo um cardápio devocional ao orixá dos metais, da agricultura e da guerra, que é Ogum para os iorubás, na África ocidental.

Os herdeiros do açúcar

2015

Portugal, território de encontros profundos entre o "do Ocidente" e o "do Oriente". Terra ampliada além-fronteiras das águas dos oceanos, nem sempre maternais, algumas vezes sedutoras como sereias; e assim o homem português experimentou o mar e suas múltiplas relações míticas e sagradas, pois navegar é o mesmo que mergulhar no desconhecido, no alcance de querer emergir e rever horizontes e outros a descobrir.

Dos mouros conquistados em 1147, D. Afonso Henriques domina Lisboa, cidade serena à beira do Tejo. Águas, sempre águas nas vivências e convivências do português, crendo haver uma busca permanente além-mar.

Amplia-se a intimidade de Portugal com o mar e o *reino* vai ganhando novos povos, na China, na Índia, na África, na América, no Brasil, a principal colônia. Já no século XVI, Pernambuco vive o início do ouro doce em cenários de matas densas e tropicais – a Mata Atlântica –, em uma abundância de água, de bicho, onde impera a monocultura da "cana sacarina", temperada de sangue africano na crueldade da escravidão.

> E se buscando vás mercadoria
> Que produze o aurífero Levante,
> Canela, cravo, ardente especiaria [...]
> – Camões

O reino chega ao mundo, confirmando o ideal de que navegar é preciso – e certamente viver não é preciso – por mares nunca d'antes navegados, e assim dominar o Atlântico nas rotas comerciais, criando sentimentos de uma verdadeira globalização em pleno Renascimento. É o oceano no cotidiano de Portugal e suas colônias.

É o Atlântico Negro, ou Oceano dos Tubarões, que vai unindo *costas*, civilizações, povos, pessoas, formando na experiência da fome a descoberta da comida. São novas experiências, novas formas de nominar a comida, identificações que se ampliam nos contatos, nos sabores, pois comer é preciso. Incorporações de ingredientes por necessidade, recorrendo aos produtos exóticos que foram transitando nos portos, misturando-se com muitas outras mercadorias, inclusive seres humanos.

É um comer ampliado de lugares que trazem novas compreensões dos fazeres culinários, dos objetos que transformam alimentos nas cozinhas e outros que vão à mesa, à esteira, sobre o pano ou tábua de madeira, unindo tantos materiais como as descobertas de tantos outros e diferentes gostos que vão temperando o reino, que vão dando a Portugal um gosto de mundo: açafrão (*Crocus sativus*), anis-estrelado (*Illicium verum*), baunilha (*Vanilla planifolia*), canela-de-ceilão (*Cinnamomum zeylanicum*), coentro (*Coriandrum sativum*), cravo-da-índia (*Eugenia caryophyllus*), erva-doce (*Pimpinella anisum*), gengibre (*Zingiber officinale*), mostarda (*Brassica nigra*), noz-moscada (*Myristica fragrans*), pimentão (*Capsicum annuum*), salsa (*Petroselinum crispum*), manjericão (*Ocimum basilicum*), louro (*Laurus nobilis*), gergelim (*Sesamum indicum*), alho (*Allium sativum*), alecrim (*Rosmarinus officinalis*). São muitos, tantos, outros, variados gostos que acentuam prazeres à boca, revelando novos aromas, combinações de continentes, de culturas que são lentamente mastigadas no processo da história globalizada de Portugal, e por extensão do Brasil – um porto –, um lugar de viver e de criar identidades, muitas já reconhecidas nos paladares, nas receitas, nos preparos, nas maneiras de oferecer, nos rituais do comer. Pois o paladar é uma construção e um ensinamento da cultura, como ocorre com o idioma que é falado.

Se a relação fundamental de Portugal com o mar é a fonte de grandes memórias ancestrais do comer, o que é o mar? É antes de tudo afirmar identidades, maneiras de expressar alteridade, de construir novos territórios além da península, porto dos ibéricos.

Assim, relato uma receita tradicional de fazer bacalhau, bacalhau carmelita,[1] de viver na boca uma longa e múltipla história da Europa, da Ásia, das Américas, do mundo ungido d'água.

BACALHAU CARMELITA

1 kg de lombo de bacalhau sem espinhas, demolhado por 48 h
2 colheres (sopa) de azeite
1 prato com farinha de trigo
3 ovos
1 pimentão verde picado
1 cebola picada
2 kg de tomate maduro picado
4 dentes de alho
1 colher de salsa
sal

Em uma frigideira, coloque o azeite e frite as lascas de bacalhau previamente envolvidas em farinha e ovo. Quando estiverem douradas, retire-as e coloque-as em um recipiente para ir ao forno. Em seguida, refogue a cebola, o pimentão, o alho, a salsa e o tomate. Quando estiver tudo reduzido, verta sobre o bacalhau, cobrindo-o. Leve ao forno preaquecido a uma temperatura média. Logo que começar a ferver, apague o fogo e deixe no interior do forno durante 15 minutos para que repouse.

---

[1] Receita da Ordem das Carmelitas, fundada pelos profetas Elias e Eliseu, que construíram uma capela no Monte Carmelo. Ampliada pelos filhos dos profetas, transformou-se em uma ordem monástica do século XII. A ordem chega à Península Ibérica no século XIII, estendendo-se pela Europa.

Até hoje, comer bacalhau é o mesmo que comer Portugal, em uma síntese de experiências atestadoras de sempre buscar no mar a vida, o destino.

Ainda vivendo esse Atlântico...

No século XIX, tudo ia indo no Brasil, a colônia distante: o açúcar, já não tão monopólio, e o ouro e o diamante, já descobertos, douravam igrejas barrocas *lá* e *cá*. Em Portugal, viravam joias exuberantes para adornar as mulheres da realeza, bem como recobriam Nossas Senhoras para mostrar poder, oferecer ex-votos, criar estéticas de luxo e fé, todos herdeiros, também, do ouro branco, o açúcar, sempre marcado pelo sangue africano.

Cá, sobravam baixelas de prata e faltavam panos para vestir os colonos, e os escravos apenas tapavam as "vergonhas", como observou Antônio Vieira. Móveis, alguns utilitários, como arcas de couro e de madeira nobre – de lei –, redes – muitas, uma incorporação dos hábitos nativos –, azulejos e pedras para a arquitetura chegavam do reino, quase sempre para monumentalizar Deus nas igrejas.

Ainda *cá*, um Brasil tropical, cheio de africanos, de crioulos, de ladinos; populações devotas de Nossa Senhora do Rosário, São Benedito, Santa Efigênia, já fazendo festa e louvação para comemorar reis e rainhas do Congo e de Angola, lembrando da costa, de personagens remotos e de outros atualizados sob os coqueiros e litorais exageradamente azuis.

Populações nativas comendo angu de farinha de milho, pirão de mandioca, inchando o bucho para viver o máximo possível. Às mesas, ou melhor, no costume de viver mais no chão, à oriental, sobre esteiras, ainda imperava o domínio da *Manihot esculenta*, a nossa tão conhecida e estimada mandioca, ou aipim, também conhecida pelos donos da terra, os indígenas, como "maniba" e "manduba". Tradicionalmente em forma de farinha, untando banha de porco, ou outras gorduras possíveis, carne bovina raríssima, porco, galinha e peixes, muitos, secos e salgados como o charque, uma das mais notáveis bases alimentares da colônia. E ainda "vinho-vinhagre", farinha de trigo ou do reino, selecionada dos tapurus, queijos do reino ou de "cuia", embutidos de diferentes tipos, e a oliva, que resistia tantos dias ao mar com qualidade para o consumo humano. Ainda frutas em caldas açucaradas, aromatizadas de cravo e canela; vatapás, filhos legítimos das açordas, enriquecidos de azeite de dendê; e quiabos, folhas verdes, tomates, pimentas e outras descobertas conforme as possibilidades. Destaque aos "ganhos", maneiras de vender de um tudo sobre a cabeça, mercando do angu ao próprio corpo, passando por bolos, refrescos como o "aluá", e tudo mais que se pudesse comer, vindo da mão africana, crioula e da mulher europeia.

Além das frutas nativas: caju, pitanga; frutas exóticas: manga, fruta-pão, graviola, jaca, carambola; e as muitas palmeiras, constituindo o ideal do paraíso tropical, em destaque o *Cocos nucifera*, tão rico em vitaminas A, B e C, palmeiras de açaí e o dendezeiro africano, palmeira de *dendém* em Angola, base do tão apreciado azeite de dendê – *epô* –, ou vinho de palma, ou vinho de dendê – *emu* –, entre tantas outras espécies que formam esse chão brasileiro.

O reino foge

Tão distante Portugal, o reino, das suas colônias, inclusive distante da mais rica e doadora delas, melhor dizendo, a mais explorada, o Brasil, mas que em poucos meses é inundada de gente nobre, gente assentando roupas da moda, joias, móveis, tecidos orientais, louças e cristais de servir à mesa, chegando assim com a invasão uma síntese da Europa por meio da Península Ibérica, desse povo lusitano, com heranças nem tanto só da Europa, mas também do Magrebe, dos mouros, da África mediterrânea.

A corte foge e com ela um Portugal transportado nas escolhas possíveis, nas representações de valor e de significados ancestrais, trazendo memórias de um povo, de uma civilização de longa história pelo mundo.

Em trânsito sobre as águas do Atlântico, o reino foge ameaçado por Napoleão.

Em 24 de novembro de 1807, chega a Lisboa a edição do jornal oficial francês em que Napoleão declara que a Casa de Bragança já não reina na Europa. A corte portuguesa chega ao limite do pânico, é preciso fugir para a colônia. D. João, na madrugada entre 24 e 25 de novembro de 1807, ordena o embarque da corte portuguesa. Nas dezenove embarcações que saíram de Lisboa em 29 de novembro de 1807 levando a corte e seus tesouros, mal se comia. Sobrevivia-se à base de um cardápio inicialmente de alimentos frescos, em que predominava água de beber, valendo quase ouro, biscoitos, lentilhas, ervilhas e um suplemento de leite, ovos, queijo, vinho, entre outros.

As embarcações com os suprimentos deteriorados ainda são tomadas por uma infestação de piolhos, que acomete membros da família real: d. João, sua mãe, d. Maria I, Carlota Joaquina e os príncipes Pedro e Miguel.

Em torno de 15 mil pessoas se amontoavam nos navios guarnecidos por uma frota de treze embarcações da Inglaterra, e ainda trinta embarcações mercantes, em uma travessia que levava Portugal pelo Atlântico.

A viagem, verdadeiramente, foi uma viagem de memórias, de confrontos com uma tropicalização de hábitos, de costumes, na criação de novas mesas e novos sabores, novos conceitos de comer.

A corte chega à Bahia em 22 de janeiro de 1808, e ao Rio de Janeiro em 7 de março do mesmo ano.

Já em costas brasileiras, vive-se um bem receber de Pernambuco, que refresca a boca seca e o espírito da comitiva real, quando a história afirma um primeiro contato qualitativo no trópico, quando se dá a descoberta de novos gostos por meio do oferecimento de "frutas da terra": caju, pitanga, umbu, mangaba, levadas na embarcação *Três Corações* pelo então governador de Pernambuco, Caetano Pinto de Miranda. As frutas nativas humanizaram e fizeram provar possibilidades de uma nova terra, na descoberta de paladares. Ao mesmo tempo, a memória remota, fundamental, que identifica e traz as escolhas do comer, reativa desejos dos gostos já conhecidos, estimados, dando referências a lugares e pessoas, formando humores de povo e de cultura.

Lembranças dos gostos

Durante a travessia da corte portuguesa da costa lusitana à costa brasileira, certamente já se experimentava um dos sentimentos mais notórios e patrimoniais de Portugal: a *saudade*.

Por se lançar ao mar para pescar, para descobrir novas rotas, especiarias, terras e mercados, grande parte da população de Portugal estava ausente. Assim, os que ficavam e os que partiam nutriam-se de emoções apaixonadas, traduzidas em língua-mãe como saudade.

Essa saudade, agora na fuga de Napoleão, deixando o reino e indo ao encontro da colônia, já antevia novos, desconhecidos e curiosos sistemas alimentares. Buscam-se a tradição e o costume das receitas dos conventos, plenos de doces, das mesas recheadas de pastéis, carnes, vinhos, licores, comidas do mar, saladas cruas...

Então, os que fugiam e se arrumavam nos espaços possíveis no Brasil certamente tinham também saudade estética, saudade formal, saudade olfativa, e principalmente saudade de gostos, de sabores, de paladares que os identificavam como da nobreza, digna representante do reino. Saudades de caldos pesados, de cheiros, de legumes, de sardinhas a grelhar, do vinho escorrendo do pichel, bebendo-se de caneco ou pela malga, do malcozinhado de carne, da galinha recheada, das perdizes à moda do Convento de Alcântara, dos empadões, dos fiambres, das variadas arrozadas, da fava-rica, dos morangos, da sopa de alho-poró, do arroz de leite dos Agostinhos, do caldo de acelgas, do bacalhau carmelita, das natas imaculadas, do fígado ao gosto de São Francisco, do bacalhau à São João Evangelista, do guisado de borrego à moda da Santa Companhia, da língua de vaca em gelatina, dos rins de vaca com vinho de missa, dos escalopes de vaca com molho de mel e açafrão, das cavacas com caldas, dos filhós, dos figos moscatel com natas, do toucinho do céu, do licor de ginja, do pão de ló, dos palitos de amêndoas, das rabanadas à moda da Póvoa, da siricaia, dos pingos reais, dos pastéis mimosos, da sopa de amêijoas, do arroz-doce, das ervilhas com ovos escalfados, dos caracóis, da queijadas de Évora, do manjar-branco e tudo mais que chegasse com queijo, com leite, com verduras frescas, com peixes, ovos, licores, até da água pura, cristalina.

Construções de lembranças tão próximas na formação dos costumes, dos modos de comer, do como comer, vivendo na ritualidade à mesa os elos mais profundos entre a pessoa e sua história. Experiência única de alteridade. A vida fidalga banhada de toalhas de linho bordado, de pratas para servir, louças do Oriente, pratos brasonados, assinados pela marca de cada família e título, copos especiais, douramento sobre cristais, candelabros, flores e frutos que faziam simbolizar a continuidade da vida fértil, além dos móveis, veludos, adamascados da Turquia, da Síria, sedas da China, madeira de jacarandá do Brasil, laca do Oriente, de ébano, incrustações de marfim, tapetes da Pérsia, climas plenos de símbolos e de cenários privilegiados do bem comer.

Uma indigesta permanência

Embora os movimentos contra o tráfico de africanos em condição de escravizados para o Brasil e outras regiões tenham se fortalecido no século XIX, com a vinda da família real para a colônia há um aumento do comércio atlântico de homens e mulheres, perfazendo cerca de 500 mil pessoas entre 1808 e 1821.

Essa verdadeira africanização no século XIX aumenta os trabalhos urbanos, principalmente com o incremento dos ganhos – escravos de aluguel para as mais distintas atividades, especialmente para a venda ambulante de comidas como milho-verde, leite, alho, cebola, palmito, aluá, limão-doce, cana-de-açúcar, caju, café torrado, pão de ló, manuê, arroz-doce, bolo de canjica, mocotós pelados, pãozinho, peixe frito, entre outros. Muitas dessas vendas são ofícios das "quitandeiras", que ampliam seus trabalhos vendendo legumes, vários tipos de frutas e muitas vezes tendo ponto fixo na geografia urbana da cidade, criando assim circuitos e hábitos de comer na rua.

As comidas nos ganhos são também adaptações e registros gastronômicos de um amplo processo adaptativo e criativo, e exemplo desse processo é o sonho vendido no século XIX nas ruas. *Cá,* o sonho é um doce distinto daqueles feitos à base de farinha de trigo e açúcar: são fatias de pão passadas na rapadura, no caramelo ou no melado, acrescidas de amêndoas e sementes de melancia.

Assim, a família real e a corte de Lisboa fazem aumentar as atividades nas cidades, especialmente no preparo e consumo de comida, bem como muitos outros serviços, visto que a base da economia se funda no escravo e em tudo que ele representa em trabalho, no desempenho de técnicas artesanais, bem como nas invenções culinárias, nos intercâmbios de sabores e de receitas.

Cardápios da terra

Após a fuga/invasão, os milhares de portugueses famintos e saudosos dos seus acepipes e rega-bofes, dos mais estimados aos mais cotidianos, experimentam confrontos no paraíso idealizado da colônia.

Comer sobre esteiras bem trançadas de palmeiras, usando meia cabaça, geralmente como farinheiras, colheres de pau para fazer e servir comida, pratos de barro, de louça grossa, de flandres, de cobre, canecas e cuias para beber água e demais refrescos como os tão queridos aluás de arroz; comer de mão, tendo os dedos como os mais eficazes talheres, formando bolos de farinha nos caldos de carne, de galinha, de peixe e legumes, unindo ainda feijão e tudo mais que fosse útil e possível na vida cotidiana. E ainda algumas frutas como banana, laranja e caju como doces, e bolos de farinha de milho e de carimã.

Juntam-se carnes e peixes secos, o charque, importante base da dieta brasileira, estabelecendo diálogos de sabores com os doces açucarados e de gemas de ovos, saladas de diferentes ingredientes, ou ainda as fatias de parida, rabanada, filhós, biscoitos, broas, pães; inhame-da-costa, galinha com quiabo, cozidos de um tudo à portuguesa, com feijões e favas-ricas, embutidos, toucinhos, miúdos de galinha, de porco, de cabrito, galinha de cabidela, arroz de cabidela, sarapatel de porco e de boi; embutidos com os miúdos – buchadas de cabrito – ainda com o coco, da Índia, arroz, feijão e bredo enriquecidos com o leite de coco, o arroz-doce com cravo e canela; para aumentar as opções de comer, de dar o sentimento pleno de saciedade ao corpo e de felicidade ao espírito.

As grandes mudanças, verdadeiramente transformadoras, da nossa mesa, e consequentemente da mesa pernambucana, vão se dar com o desembarque de italianos, franceses e alemães com a abertura dos portos, a partir de 28 de janeiro de 1808, aumentando a importação de produtos importados como salame, presunto, pasta italiana, chá, azeite, biscoito, queijo, bacalhau, licor, cerveja, vinho e, mais tarde, em 1834, o sorvete, entre muitos outros produtos, inclusive conservas, enlatados, todos introduzidos no livre comércio com o mundo graças à redução das taxas de importação, que inicialmente eram de 48% e passaram para 24%, destacando-se o vantajoso acordo com os ingleses em 1810, um acordo bilateral.

Essa verdadeira reeuropeização do Brasil amplia as fronteiras de ingredientes, de receitas, de modos de comer, de hábitos de comer em casa e de comer em estabelecimentos, comer na rua. É um caminho mais denso e rápido com a importação de uma população lusitana, nobre, de funcionários, da família real, de artistas, todos querendo comer o que já conhecem, ou ainda muitos experimentando o novo.

A comida e tudo o que ela representa em âmbito social, econômico e cultural, integra-se às demais representações e imaginários fundados no longo processo de uma colonização oficial portuguesa.

Gilberto Freyre, autor de *Açúcar* (1939) – obra pioneira que vai ao encontro primordial e complexo dos doces de Pernambuco, integrando o que vem da cana sacarina a outros sistemas alimentares –, vê e entende os cenários sociais dialogando com diferentes estéticas, maneiras de representar e de se autorrepresentar, e assim observa o grande movimento do século XIX com a maciça chegada portuguesa, acelerando e transformando processos culturais identificadores da colônia.

> A reeuropeização do Brasil começou fazendo empalidecer em nossa vida o elemento asiático, o africano ou o indígena, cujo vistoso de cor se tornara evidente na paisagem, no trajo e nos usos dos homens. Na cor das casas. Na cor dos sobrados que eram quase sempre vermelhos, sangue de boi; outros, roxos e verdes; vários, amarelos; muitos de azulejos. Na cor dos palanquins – quase sempre dourados e vermelhos – e dos tapetes que cobriam as serpentinas e as redes de transporte. Na cor das cortinas dos banguês e das liteiras. Na cor dos xales das mulheres e dos ponchos dos homens; dos vestidos e das roupas; dos chinelos de trançado feitos em casa; das fitas que os homens usavam nos chapéus; dos coletes que ostentavam, opulentos de ramagens; dos chambres de chita que vestiam em casa, por cima do corpo só de ceroulas; das flores que as moças espetavam no cabelo. Na cor dos interiores de igreja – os roxos, os dourados, os encarnados vivos [...] (Freyre, 1971).

Para manter, para mudar e para comer

Os sistemas alimentares são acumulativos e revelam alguns ingredientes como orientadores de identidades, conforme as tecnologias culinárias nos muitos e diversos rituais nas cozinhas, e não menos complexos e simbólicos nos de oferecimento e oferta, no ato da comensalidade à mesa ou na banca de mercado, de pé próximo a um tabuleiro, na casa e na rua, no cotidiano e na festa, na fé religiosa, no rito de passagem, na família. Afinal, com a mesma massa da hóstia se encontra Deus ou se come a barriguinha de freira, doce recheado com ovos. Tudo se integra e estabelece falas possíveis.

Cá, vive-se a mandioca na sua plenitude e em seus muitos produtos, como também vivem-se as espécies nativas de peixes, camarões, moluscos e, com a mesma intensidade, tudo que chegou do além-Atlântico, além-Europa, Ásia, África, América.

Se a mulher pernambucana vê que a farinha do reino – a de trigo – não chegou, está distante, vai substitui-la pela massa de mandioca e tornar mais nacional o gosto. Assim, um bolo identitário de Pernambuco se rebela contra o reino, busca ser local, regional, teluricamente nordestino, pernambucano: bolo Souza Leão, uma receita entre tantas, entre muitas, nesse permanente encontro dos sabores de Pernambuco, autenticando sua história, seu povo, sua gente.

 Tomou um cuscuzeiro de barro ou de metal,
E lhe pôs em cima farinha de milho umedecida.
Com sal, deixa ao fogo para exalar o cheiro, o odor de comida;
Depositando em seguida num prato,
Enchendo de cuscuz e em seguida inicia o ato de comer
Acompanhado de manteiga ou leite de coco.
Convidados, sirvam-se de cuscuz, e assim na boca, no corpo,
No espírito, come-se Pernambuco.
– Raul Lody

REFERÊNCIAS

CAMÕES, Luís de. **Os lusíadas**. Rio de Janeiro: Nova Fronteira, 2018.

FREYRE, Gilberto. **Novo mundo nos trópicos**. São Paulo: Companhia Editora Nacional: USP, 1971.

FREYRE, Gilberto. **Sobrados e mucambos**: decadência do patriarcado rural e desenvolvimento do urbano. São Paulo: Global, 2013.

LIMÓN, Fernando Gonzáles. **La cocina de los monasterios**. Madri: Ediciones Jaguar, [*s. d.*].

LODY, Raul. **Formação da culinária brasileira**. Rio de Janeiro: Senac Rio de Janeiro, 2006.

LODY, Raul. Um mês com sabor de milho. **Diário de Pernambuco**, Recife, 24 jun. 1991.

LODY, Raul. Um banquete à beira-mar. **Diário de Pernambuco**, Recife, 6 jan. 1992.

LODY, Raul. O doce sabor do carnaval. **Diário de Pernambuco**, Recife, 28 fev. 1992.

LODY, Raul. Cabidela. Galinha, sangue e sabor. **Diário de Pernambuco**, Recife, 24 out. 1996.

LODY, Raul. Diga-me o que comes e te direi quem és. **Folha de S.Paulo**, São Paulo, 5 fev. 1997.

LODY, Raul. Cozinha brasileira: uma aventura de 500 anos. *In*: LODY, Raul. **Formação da Culinária Brasileira**. Rio de Janeiro: Senac Rio de Janeiro, 2000.

LODY, Raul. Comer é pertencer. *In*: ARAÚJO, Wilma M. C.; TENSER, Carla M. R. (org.). **Gastronomia**: cortes e recortes. Brasília, DF: UnB: Senac Nacional, 2006.

LODY, Raul. Nego-bom & Souza Leão: o bom do doce de Pernambuco. **Tempo Tríbio**, Recife, Fundação Gilberto Freyre, v. 1, n. 1, 2006.

LUCCOK, John. **Notas sobre o Rio de Janeiro e partes meridionais do Brasil**. Belo Horizonte: Itatiaia; São Paulo: Edusp, 1975.

LUIS, João. **Doçaria portuguesa**. Lisboa: Editorial Presença, 1997.

MARQUES, A. H. de Oliveira. **História de Portugal**. Lisboa: Editorial Presença, 1998.

PRADO JUNIOR, Caio. **História econômica do Brasil**. São Paulo: Brasiliense, 2006.

VIANA, Antônio Manuel Couto *et al*. **Comeres de Lisboa**: um roteiro gastronômico. Lisboa: Vega Gabinete de Edições, 1988.

Nego-bom & Souza Leão
O BOM DO DOCE

2015

A *Zuckerrohr* ou *Zuckerschilf* é cheia de suco doce em seu interior; por fora apresenta muitos nós ou articulações e é plantada duas vezes por ano, ou seja, nos meses de agosto e janeiro, da seguinte maneira: fazem-se ao longo do campo compridas fileiras com um palmo de altura a partir do solo, tantas quanto comporte o terreno, de modo a sempre deixar entre duas delas um espaço de meia braça. Em seguida, a cana-de-açúcar é plantada aos pedaços, no tamanho aqui desenhado, umas seguidas das outras, ao longo da parte alta das fileiras, de forma a que os pedaços alcancem uns aos outros e se toquem e, em seguida, são de novo totalmente cobertos de terra. Ao final de oito, dez ou doze meses, depois de chegar a época própria e estando a cana-de-açúcar grande o suficiente, [a planta] é cortada, levada para o engenho, sendo o suco espremido, fervido em amplos tachos para o preparo do açúcar, [que é feito] sob fogo alto e à custa de grande calor e muita fadiga (Wagener, 1996).

O açúcar marcou e marca um amplo conjunto patrimonial do brasileiro, sobretudo do Nordeste, especialmente de Pernambuco. Para o homem da região, há uma construção de imaginários e de maneiras de ver o mundo e de se autorrepresentar que transita pelos engenhos, pela plantation da cana sacarina, que expõe do melado ou do mel de engenho ao açúcar moreno-mascavo e às caldas perfumadas de cravo e canela. Com orgulho telúrico se diz: o doce de Pernambuco é mais doce, tem mais açúcar. Expõe-se um caráter do éthos do "Leão do Norte", que se identifica como fundamentação histórica, social e econômica com a saga unificadora do açúcar e de ampla gastronomia doce, diga-se, muito doce.

Na casa, na rua, à mesa e no tabuleiro, variado cardápio é oferecido para o gosto do dia a dia ou para a festa, familiar ou do santo, quando se experimenta na fé múltipla e recriada na igreja e no xangô, por olhar e paladar plurais, uma religiosidade também ungida pelo que é doce para comer e para beber.

É o açúcar, alma do doce, determinando tecnologias culinárias e estilos de tratar e de desenvolver receitas que vão formando o acervo gastronômico do que vem da cana, além da maneira como as diferentes matrizes etnoculturais vão criando, preservando e abrasileirando ingredientes e resultados de novos e de alguns já conhecidos sabores que particularizam Pernambuco.

Construir o "gosto", o "paladar", é um processo que chega da cultura, das opções, das escolhas, dos ingredientes que significam, para o grupo, a comunidade, o segmento étnico, um sentido/sentimento de "pertença", de fazer parte de um "lugar", de ocupar territórios geográficos e ideológicos.

Para o pernambucano, o convívio com o doce, a valorização do açúcar, é distintivo da identidade regional, partilhada com Alagoas e Paraíba, de uma "civilização" plantada e cultivada nos canaviais.

Há um forte barroquismo nos doces e em especial nos bolos, pois Pernambuco é um território tradicional de bolos, pães, biscoitos, costumes seguidos e apreciados pela população do Recife.

A padaria/confeitaria é uma instituição cultural importante na formação e na manutenção do paladar. Assim, vive-se na boca a celebração plena do que Gilberto Freyre tão bem mostra em sua obra fundante ao situar o conceito de *tempo tríbio*.

O cravo e a canela de uso milenar na Índia e no Ceilão, conservantes dos alimentos, invadem as receitas do "reino", dos portugueses, à época do Renascimento, século XVI. Portugal, país de povo mundializado, distinguindo-se, na Europa, como o eixo entre o Oriente e o Ocidente, também é detentor das receitas de ovos e açúcar, saberes conventuais; memórias que vivem nos doces contemporâneos, identitários tanto em receitas quanto nos rituais de comer. Dessa feita projetam, pedagogicamente, hábitos alimentares para gerações futuras. Eis aí o que Gilberto afirma em dimensão sociológica e antropológica sobre um comportamento patriarcal do Nordeste, da "terra do açúcar", construindo e expressando papéis sociais de indivíduos, famílias, grupos, integrando o que é remoto com o que é contemporâneo e ao mesmo tempo indicando o que é futuro. *Tríbio* é o gosto, é o paladar do pernambucano, na afirmação e na dimensão cultural do que é doce como um ponto de referência de sua identidade, de sua singularidade de integrar uma região, um chão de terras de "massapé", um chão de açúcar.

O doce celebra, identifica, nomeia, compõe e ainda alimenta, tem gosto e sabor, traz referências complexas do passado e do presente, indicando o futuro.

> A marmelada, o caju e a goiabada tornaram-se, desde os tempos coloniais, os grandes doces das casas-grandes. A banana assada ou frita com canela, uma das sobremesas mais estimadas das casas patriarcais, ao lado do mel de engenho com farinha de mandioca, com cará, com macaxeira; ao lado do sabongo e do doce de coco verde e mais tarde do doce com queijo – combinação tão saborosamente brasileira (Freyre, 1969, p. 78).

A intimidade entre o doce e a família, receitas exclusivas, projeções e estilos de casas, de cozinhas quase santuários; senhoras tão especializadas como os mestres de engenho, fazendo o suco da cana virar açúcar, ou ainda doceiras para a venda de tabuleiro, na feira, no mercado, andando na rua, oferecendo o sabor itinerante do açúcar da terra.

> O Nordeste do Brasil, pelo prestígio quatro vezes secular da sua sub-região açucareira não só no conjunto regional, como no país inteiro, se apresenta como área brasileira por excelência do açúcar. Não só do açúcar: também a área por excelência do bolo aristocrático, do doce fino, da sobremesa fidalga tanto – contraditoriamente – quanto do doce e do bolo de rua, do doce e do bolo de tabuleiro, da rapadura de feira rústica que o pobre gosta de saborear com farinha, juntando a sobremesa a alimento de substância (Freyre, 1969, p. 33).

A mandioca e o açúcar, juntos, fazem o mais notável conjunto alimentar da região; bases para comer, subsistir, verdadeiro mata-fome.

O artesanato do doce e o conhecimento individual e delicado de selecionar ingredientes, organizá-los e então fazer um a um, com a dedicação dos mosteiros medievais, experimentando misturas, descobrindo novos sabores, marcando acentos autorais, dão um valor de realização artística, de assinaturas percebidas no ato de comer.

São milhares de brasileiros que fazem doces e vendem nas ruas, em bancas, tabuleiros, em pontos já conhecidos nas cidades, mantendo o costume de comer bolo de milho, cocada, doce de tamarindo, munguzá, entre muitas e muitas outras ofertas de viver nos condimentos, nas frutas da terra e outras, exóticas, mas que o consumo já fez ficarem e serem da terra, nossa, cardápios da região.

A feitura artesanal do doce é também uma realização estética, pois, para ser gostoso, ele tem que ser bonito, porque inicialmente se come com os olhos e depois se come com a boca e, finalmente, se come com o espírito. Comem-se os cenários e os entornos sociais incluídos no gosto, no ato complexo e pleno que é o de comer. Certamente, come-se Pernambuco em cada reconhecimento, pelo paladar, do que é doce.

> Perícia quase rival da das rendeiras. Tais doceiras, como artistas, não consideravam completos seus doces ou seus bolos sem esses enfeites; [...] sem assumirem formas graciosas ou simbólicas de flores, bichos, figuras humanas [...]. Não tanto as formas que fossem dadas por fôrmas, um tanto impessoais, mas as que se requintassem numa como escultura em que as mãos das doceiras se tornassem, muito individualmente, mãos de escultoras [...] (Freyre, 1969, p. 47).

Cada receita é um encontro, uma descoberta, uma forma de manter um conhecimento familiar, uma experiência, pois ingredientes, quantidades, maneiras de fazer e mesmo a vocação da doceira compõem o ideal do bom doce.

Trata-se de realização subjetiva, de experiência pessoal própria da formação do paladar, no caso de Pernambuco fundamentalmente orientada pela nostalgia do engenho, pela afirmação telúrica do doce mais doce, do melhor doce, da arte do doce que só os da terra sabem fazer, sabem expor na boca um sentimento de "lugar".

O valor patrimonial do doce ocupa cada vez mais lugar nos repertórios da gastronomia regional do Nordeste e, em destaque, de Pernambuco.

Não há doce melhor, não havendo, portanto, a formação de hierarquia nesse âmbito da cultura, pois cada doce indica um processo entre os muitos dos receituários, das tecnologias de preparo, dos contextos ritualizados por gênero, religiosidade, prescrições do consumo, indo ao ato individual ou socializado de comer, de dar ao gosto doce as dimensões simbólicas dos momentos da vida, do cotidiano e da festa, indicando um tipo ou forma de se relacionar com o que se come, com como se come e com as condições sociais em que se come.

Banana de rodelinha, doce japonês, pamonha, canjica, bolo de rolo, filhó, rabanada, cartola são todos doces da "terra", pernambucanizaram-se em acréscimos, em criação, em consumo, marcando e identificando autoria regional e da civilização do açúcar.

Se a rabanada tem procedência judaica ou se o filhó traduz uma receita muçulmana, dá-se ao que se come um sentido ampliado do lugar de feitura e do lugar do consumo. Cartola, sobremesa tão pernambucana, tão telúrica e regional nordestina, nasce na combinação gastronômica da banana, *Musa paradisiaca*, da Ásia, ou, se preferirmos, na visão americana, da pacova, com o queijo em sua versão de manteiga, produto decorrente da introdução na Bahia do gado bovino por Tomé de Sousa, gado esse de procedência europeia, culminada pela mistura de canela – *Cinnamomum zeylanicum* –, que chegou do Ceilão, do Oriente, com o açúcar – produto originário da *Saccharum officinarum*, da nossa tão conhecida cana-de-açúcar, também do Oriente, da Índia, trazida nas rotas comerciais dos árabes para a Europa, unindo o mundo nas descobertas de sabores e de povos.

Nesse exemplo do "doce pernambucano", prato multicultural, unindo a mão muçulmana dos filhos de Alá, que professam o islamismo, o Alcorão, com a mão lusitana, que à época fincava a cruz dominadora em nome de Deus, marcando o cristianismo, apontando a Bíblia, vê-se uma comida que traduz estilos, continentes, religiões, maneiras tão peculiares de ver, entender e de se situar no mundo.

Dá-se a esse doce valor e reconhecimento telúricos; vê-se, contudo, a união de ingredientes, todos exóticos, em particular do Oriente. Inicialmente pode-se afirmar a cartola como "prato oriental"; criado no Brasil, mas que adquire a mão e a concepção nativas, do Nordeste, especialmente de Pernambuco, embora sobremesa similar ocorra no estado de Minas Gerais, chamada de "mineiro de botas".

A pulverização da mistura de açúcar e canela é marca tradicional muçulmana que apura o gosto da banana envolta no queijo nesse doce apreciado e reconhecido como de destaque no cardápio pernambucano.

O mesmo se pode dizer do queijo de coalho assado e ungido pelo bom mel de engenho, grosso e escuro, fazendo um paladar sensual pela mistura de sal e açúcar.

Pernambuco forma-se enquanto território duplamente africanizado, como afirma Gilberto Freyre em *Casa-grande & senzala*. Recife mouro, muçulmano, de treliças, de cozinhas internas, espaços possíveis da mulher europeia, iniciada na cozinha doce; não na cozinha de fora, própria para os serviços de matar, sangrar e pelar o bode, mas naquela das receitas de doces açucarados, das caldas grossas com gema e açúcar, dos bolos, realizações que culminam na memória e na identidade de um lugar tradicional da mulher branca, tão branca como o açúcar.

São panoramas do século XIX, primeiras décadas do século XX, mas permanece na mão e no saber da mulher doceira a arte do açúcar, como também de chefs, de padeiros-confeiteiros continuadores dos deliciosos bolos, pães e biscoitos que são anunciados pelo perfume dos fornos, fazendo a boca molhar de desejo do gosto anunciado; gosto formado, ensinado e vivido nas experiências transmitidas pela cultura. O bolo sempre desempenhou relevante sentido social, marcando e acompanhando todos os momentos da trajetória de uma sociedade. Bolos autorais, de criações coletivas ou individuais.

Em Portugal, o bolo possuía uma função indispensável à vida do "reino". Representava solidariedade humana. Entre os muitos tipos de bolo figuravam o de noivado, casamento, visita de parida — mulher que recentemente teve filho, pariu —, aniversário, convalescença e demais situações. Além do bolo, uma bandeja de doces constituía presente muito significativo, de alto potencial para estreitar relações sociais.

Até hoje, no Brasil, oferecer um doce, partilhar um bolo, um doce em calda, receita especial de família, é um importante elo que celebra encontros, festa, fortalecimento de relações. Certamente, o açúcar do doce adoça e aproxima as pessoas.

O bolo, uma realização cotidiana e episódica, é tão marcante para Pernambuco como a cocada para a Bahia, o creme de cupuaçu para o Pará, o sagu para o Rio Grande do Sul.

Há na doçaria pernambucana um conjunto de bolos assinados por famílias, que encontraram nas receitas maneira de manter memória coletiva e preservar identidades, auferindo, sem dúvida, valor e significado patrimonial, territorial, por ser de uma região do açúcar dominador.

Assim, a receita do bolo é um importante tesouro, tão tesouro como aqueles formados por joias, rendas, bordados, objetos de prata, porcelana, cristais, entre tantos outros.

A receita do bolo Souza Leão é um patrimônio originalmente da família Souza Leão, ganhando o valor de patrimônio regional e mesmo nacional.

BOLO SOUZA LEÃO

1 kg de açúcar

2 cocos

2 kg de massa de mandioca mole

400 g de manteiga

5 xícaras de água

12 gemas, sal a gosto

Lave bem a mandioca e ponha em um saco grande de pano para sair a goma, peneirando a massa em seguida. A massa é colocada em um recipiente juntamente com as gemas. Dos dois cocos, é retirado o leite. Junte o leite com três xícaras de água quente e coloque na massa da mandioca. Faça em seguida uma calda no fogo com açúcar, manteiga e duas xícaras de água quente adicionada na massa. Tempere com sal e leve para assar em fôrma untada com manteiga, em fogo quente. Bolo pronto para 20 porções.

Os bolos de Pernambuco assumem em sua maioria um sentido autoral, seja de família, seja de indivíduo, de um "lugar", de uma padaria/confeitaria ou mesmo de um engenho, de uma cidade. Contudo, a maior parte dos doces é coletiva em marca autoral, sendo referenciada por título que serve para uma extensa análise sociológica e também histórica. Exemplo é o tão popular nego-bom.

A base da receita é a banana, alimento da dieta tradicional dos escravos, juntamente com a farinha de mandioca, daí haver sempre nas áreas de plantio e beneficiamento da cana sacarina uma ou mais casas de farinha para dar de comer, melhor dizendo, "encher o bucho" do trabalhador, a fornalha interna, a barriga. Creio que até hoje isso pouco mudou nas composições das dietas alimentares de grande parte da população incluída em região situada como herdeira da civilização do açúcar.

A essa base acrescentam-se limões e muito açúcar, formando massa que é modelada em bolinhas e novamente passada no açúcar e embalada em papel, sendo um dos doces mais populares de Pernambuco, servindo para adoçar a boca, dar o bom hálito da palavra que nasce do que é doce.

A receita escrita e também oralmente indicada pelas mulheres, exclusivamente da família Souza Leão, foi por décadas um tesouro guardado pelo segredo e só transmitido para outras mulheres da mesma família, sendo nos casamentos um dos mais importantes presentes o acesso à receita, determinando assim um valor de inclusão e de pertencimento à família.

Os cadernos de receita e as transmissões orais são os principais meios de passar conhecimentos acumulados na condição feminina, especialmente no que se refere às receitas de doces. Há, sem dúvida, um amplo imaginário sobre os doces, relacionando o papel social da mulher na casa, na cozinha, como verdadeira guardiã dessa memória pessoal, familiar, e que ao mesmo tempo traduz memórias mais amplas, regionais, chegando até o plano mítico dos repertórios ancestrais, inerentes à condição de "ser mulher". Pois ser mulher é ser aquela que sabe, detém conhecimentos sobre os doces.

Volta-se à atualidade de ver e de entender o doce em seus contextos de saberes culinários tradicionais e significados patrimoniais em *Açúcar: em torno da etnografia, da história e da sociologia do doce no Nordeste canavieiro do Brasil* (1939), de Gilberto Freyre.

Assim, "o bom do doce de Pernambuco" nasce de uma longa experimentação de comer doce em feira, mercado, tabuleiro, banca, padaria confeitaria, restaurante, nas casas de história nobre dos engenhos, nas casas em tempo de festas, tantas casas como tantas ruas, esquinas, praças, beiras de estrada, engenhos, cooperativas de doceiras, invadindo cozinhas, acompanhando fazeres, sentindo odores dos processos, culminando na estética que assina cada receita, auferindo dignidade e individualidade.

Nesses mergulhos doces, muitas, muitas conversas com quem sabe fazer doce, gosta de comer doce e tem memórias de autores e lugares de fazer e de comer doce.

Lembro-me de conversas animadas com dona Madalena, mulher de Gilberto, especificamente sobre arroz-doce. Tantas receitas, variações nos complementos, como leite de coco, raspinha de limão e gema e, sempre presentes, pontuando e dando sentido ao prato, o cravo e a canela. E ainda elementos decorativos para as generosas travessas de arroz-doce com o uso de face quente ou de fôrmas em ferro também quentes aplicadas sobre base generosa de canela em pó, resultando em culinária próxima do tão afamado prato da culinária francesa, o *crème brûlée*. Os muitos intercâmbios de receitas e de processos artesanais próprios do mister de cozinhar incluem-se na concepção ampla de patrimônio cultural, pois todos os elementos que integram a construção do prato são tão importantes como o próprio prato em imagem e sabor.

Novamente os pioneirismos de Gilberto Freyre são retomados, já indicando em *Açúcar* maneiras ampliadas de entender e de valorizar o doce em dimensão visual, tecnológica, gastronômica, estética e especialmente nos atos do fazer e do servir. Servir à mesa, servir a partir do tabuleiro, na rua ou na feira, cada maneira indica rituais de sociabilidade. Pois comer o doce é incluir no gosto as texturas, cores e odores, formas que compõem, em cada receita, esses acréscimos episódicos que chegam na emoção, que chegam das relações sociais.

O Recife, com seus muitos cenários e paisagens, oferece momentos patrimoniais ricos e integrados às memórias de lusitanos, lusitanos moçárabes, africanos, especialmente os bantos (África austral), holandeses, judeus, libaneses e outros imigrantes visíveis na arquitetura, nos rios, nas árvores, nos jardins e principalmente na população, que, reunida, revela, ou melhor, sugere um lugar entendido como uma "cidade-sereia", na expressão de Gilberto Freyre. Nas festas, nos rituais religiosos e principalmente nas cozinhas, com as comidas, destacam-se os doces, possibilitando pelos cardápios conhecer e interagir com a cidade.

Bolo Cabano, bolo Cavalcanti, bolo Guararapes, bolo dr. Constâncio, bolo Fonseca Ramos, bolo do mato, bolo divino, bolo toalha felpuda, bolo de São Bartolomeu, bolo de estouro, bolo de mandioca, bolo dos namorados, bolo engorda-marido, bolo manuê, bolo de milho, bolo de macaxeira, bolo de bacia Pernambuco, bolo de amor, bolo de São João, bolo paraibano, bolo republicano, bolo Santos Dumont, bolo Luís Filipe, bolo de festa, bolo espirradeira, bolo de batata, bolo ouro e prata, bolo sem nome, bolo de fruta-pão, bolos fritos do Piauí, bolo de milho seco, bolo novo de macaxeira, bolo fino de massa de mandioca, bolo de milho de d. Sinhá, bolo de milho pau-d'alho, bolo de coco Sinhá-Dona, bolo padre João, bolo brasileiro, bolo de rolo pernambucano, bolo d. Luzia, bolo de mandioca à moda do dr. Gerôncio, bolo treze de maio, bolo de castanha-de-caju, bolo Souza Leão, bolo Souza Leão-Pontual, bolo Souza Leão à moda de Noruega, bolo baeta, bolo d. Pedro II, bolo senhora condessa, bolo de bacia à moda de Pernambuco, bolo tia Sinhá, bolo fino. A essa lista de base etnográfica organizada por Gilberto Freyre, sendo o bolo um dos eixos mais notáveis e importantes de *Açúcar*, venho acrescentar outro bolo, experimentado recentemente, chamado bolo Santo

Antônio, também pernambucano, integrado a essa memória fundante da civilização do açúcar, da alma pernambucana.

O bolo Santo Antônio é feito de farinha de trigo, açúcar, manteiga, leite de coco, margarina, fermento e ovos. Uma delícia!

Bolos tradicionais, memoriais, novos bolos, novas experimentações de sabores, contudo *bolos*, grandes indicadores de expressão e de realização culinária de Pernambuco.

Nessas terras de brava gente, "Nova Roma", como diz o hino do estado, de tantas batalhas, de povo aguerrido, não creio que o doce tenha ocupado apenas um lugar de destaque nos hábitos alimentares, nem que o açúcar coformasse somente processos econômicos fundantes de uma civilização. É o doce ou o que é doce um elemento integrado ao caráter e à ação contínua e dinâmica da voz e da vida desse "Leão do Norte", desse tão doce Pernambuco de ver e de comer.

REFERÊNCIAS

FREYRE, Gilberto. **Açúcar**: uma sociologia do doce, com receitas e bolos do Nordeste do Brasil. Rio de Janeiro: Instituto do Açúcar e do Álcool, 1969.

WAGENER, Zacharias. Cana de çuquere. *In*: WAGENER, Zacharias. **O Thierbuch e a autobiografia de Zacharias Wagener**. Rio de Janeiro: Index, 1996. (Brasil Holandês).

O veneno no sabor brasileiro

2021

No Brasil, com o aumento do uso indiscriminado de venenos de diferentes tipos e graus de periculosidade na produção de alimentos na agricultura, diga-se a agricultura em grande escala e transgênica, podemos dizer que o brasileiro come, cada vez mais, alimentos envenenados.

Este tema coloca em questão a sanidade dos produtos alimentícios que levamos para as nossas mesas, quando muitos dos sabores experimentados trazem uma verdadeira orgia de agrotóxicos.

Desde 2008, o Brasil ocupa um lugar de destaque no ranking mundial de consumo de agrotóxicos. São inúmeros os tipos de venenos que estão nas hortaliças, nos tubérculos, nas frutas, nos cereais e em tantos outros ingredientes que fazem parte dos nossos hábitos alimentares.

Assim, a nossa dieta alimentar está em um crescente processo de envenenamento. Involuntariamente, o brasileiro passa a consumir substâncias já proibidas nos países desenvolvidos.

Mesmo com uma intensa publicidade sobre a mensagem de que "agro é tech" como uma ação valorativa da agricultura brasileira, também podemos afirmar que agro é tóxico.

Nessa dimensão da alimentação, esses venenos estão nas carnes dos animais e nos seus derivados, já que eles também se alimentam com ração produzida com agrotóxicos, que passam a frequentar as nossas panelas e os nossos pratos.

A Associação Brasileira de Saúde Coletiva (Abrasco), com o depoimento de Karen Friedrich, afirma que os venenos estão ainda na água, no solo e no ar, e, nesses contextos, ampliam-se as formas de poluir os nossos sabores.

Há, desse modo, uma mudança no paladar, importante elemento cultural dos nossos sistemas alimentares e que marca o pertencimento, valorizado pelos patrimônios alimentares.

Ainda, em uma proporção verdadeiramente assustadora, considera-se que o consumo anual médio do brasileiro é de cinco litros de agrotóxicos por habitante. Depois do Brasil, os países que mais consomem esses venenos na alimentação humana são, na sequência, Estados Unidos, China e Japão.

Os venenos consumidos nas mesas pelos brasileiros são apoiados pelo governo, em uma política de isenção de impostos e diminuição da investigação sobre a toxidade dessas substâncias.

Neste cenário de envenenamento massivo, um processo de diferenciação na qualidade dos alimentos está nas produções familiares, no âmbito da agricultura artesanal, que manifesta uma outra relação com o solo, com o ar e com a água; consequentemente, com uma qualidade diferenciada dos produtos que levaremos para as nossas mesas.

Esses temas que mostram diferentes maneiras de se relacionar com o solo e a agricultura integram a biodiversidade nos seus processos biológicos, sociais e culturais. É o respeito pelos acervos da natureza, pelas culturas alimentares, pelo processo de descobertas de espécies – isso sim traz uma ampliação para as nossas cozinhas, para as nossas comidas.

Os agrotóxicos atuam diretamente tanto na natureza quanto no homem, e atuam na transformação da biodiversidade e das diferentes possibilidades alimentares.

A Organização das Nações Unidas para a Alimentação e a Agricultura (FAO-ONU) realizou recentemente, em 91 países, um estudo sobre a biodiversidade e sobre os alimentos que chegam destes acervos verdes e naturais. O estudo constatou, por exemplo, que cerca de 6 mil espécies de plantas cultivadas para a alimentação foram afetadas por causa da poluição, do envenenamento pelos agrotóxicos, do desmatamento e de outras práticas.

Para muitos profissionais que atuam nos mercados da produção, da distribuição e do consumo de alimentos, essas questões tão complexas marcam de maneira profunda o que comemos. Por isso, muitos movimentos internacionais buscam um maior equilíbrio entre a natureza e o homem. E tudo expõe a produção de alimentos e a alimentação dos povos.

Todos esses contextos levam a uma crescente valorização da sanidade dos alimentos e aumentam o sentimento simbólico e patrimonial sobre cada alimento. Além disso, essas questões também estão integradas aos grandes temas que o mundo tem discutido sobre o aquecimento global e fenômenos naturais decorrentes de mudanças climáticas.

REFERÊNCIAS

ASSOCIAÇÃO BRASILEIRA DE SAÚDE COLETIVA (ABRASCO). Homepage. **Abrasco**, [s. d.]. Disponível em: https://abrasco.org.br/. Acesso em: 14 jun. 2024.

DAHER, Rui. Agroquímicos acima de tudo, agrotóxicos acima de todos. **Carta Capital**, 19 jun. 2019. Disponível em: https://www.cartacapital.com.br/opiniao/agroquimicos-acima-de-tudo-agrotoxicos-acima-de-todos/. Acesso em: 14 jun. 2024.

ORGANIZAÇÃO DAS NAÇÕES UNIDAS PARA A ALIMENTAÇÃO E A AGRICULTURA (FAO-ONU). Estudo inédito da FAO aponta que a biodiversidade do planeta está desaparecendo. **FAO-ONU**, 22 fev. 2019. Disponível em: https://www.fao.org/brasil/noticias/detail-events/pt/c/1181587/. Acesso em: 14 jun. 2024.

REIS, Vilma. Uso combinado de agrotóxicos não é avaliado na prática, diz Karen Friedrich em entrevista. **Abrasco**, 19 maio 2015. Disponível em: https://abrasco.org.br/uso-combinado-de-agrotoxicos-nao-e-avaliado-na-pratica-diz-karen-friedrich-em-entrevista/. Acesso em: 14 jun. 2024.

ROSSI, Marina. O "alarmante" uso de agrotóxicos no Brasil atinge 70% dos alimentos. **El País**, 30 abr. 2015. Disponível em: https://brasil.elpais.com/brasil/2015/04/29/politica/1430321822_851653.html. Acesso em: 14 jun. 2024.

Mastigando com Mário de Andrade

2023

Este texto é uma interpretação do artigo "Tacacá com tucupi", de Mário de Andrade, publicado em 28 de maio de 1939 pelo jornal *O Estado de S. Paulo*. É também uma celebração do pensamento modernista, que em 2022 comemorou um século.

"Tacacá com tucupi" é o único texto exclusivo de Mário de Andrade sobre a comida brasileira. Nele, Mário traz o seu olhar e sentimento modernista, que é profundamente valorizador da identidade, da singularidade e da etnicidade que formam os nossos sabores regionais e autorais.

Dessa maneira, há um sentimento dominante de Mário nas suas formas de buscar brasilidades, dentro do que ele considera como "arte-fazer".

"Arte-fazer" é um evidente reconhecimento dos saberes tradicionais que se manifestam nas muitas tecnologias artesanais, que abrangem desde a feitura de um berimbau até o processo para se obter o leite de coco, por exemplo. Também, nesse princípio conceitual de arte-fazer, há uma fruição ampla e diversa das matrizes etnoculturais que fazem parte da nossa criação popular.

No artigo "Tacacá com tucupi", a partir dos pratos selecionados por Mário, as comidas e suas características gastronômicas são mostradas, estabelecendo uma forte relação com as descobertas do autor e as suas preferências de comensal.

Tudo se reúne em uma busca de Mário por um Brasil brasileiro, com identidades regionais marcadas por diferentes processos históricos, sociais, ecológicos e culturais. Busca que se revela nas suas preferências gastronômicas, que estão principalmente nos relatos cheios de alumbramentos com os sabores da Amazônia.

Há em Mário um desejo de mapear as nossas comidas, de procurar um entendimento para a diversidade alimentar do brasileiro e de dar um reconhecimento patrimonial e de expressão de arte para nossa culinária. É preciso, segundo Mário, conhecer o Brasil pela sua cultura culinária.

Nos movimentos intelectuais e artísticos no mundo ocidental, e no Brasil, vivem-se os "loucos anos 1920". Além de Paris, quem assina boa parte desses movimentos é a "Pauliceia", que também fala de modernidade, mas há ainda Pernambuco, que está conectado com a Europa e com o Brasil regional.

Se a comida é a orientadora das descobertas modernistas, destaco uma ampla produção sobre comida, sociedade e regionalismo mostrada por Gilberto Freyre. É a valorização da comida como um processo para conhecer a cultura e o homem regional. Nos anos 1920, Gilberto Freyre já publicava, nos seus artigos no jornal *Diário de Pernambuco*, indicações para um mapa das comidas e, com certeza, da valorização do terroir. Ele já louvava o pirão de farinha de mandioca, que considerava digno de um monumento.

Ainda, em 1926, no "Manifesto regionalista", coordenado por Gilberto Freyre, há uma evidente sacralização das comidas regionais como um método de ampliar os olhares para um Nordeste que busca identidade e modernidade. E todo esse processo, de trazer a comida como um meio de traduzir o homem situado no trópico, é fortalecido com a publicação, em 1939, do livro *Açúcar*.

Esse cenário ampliado sobre uma valorização integrada das comidas regionais também é sustentado com o entendimento de tradição e de modernidade a partir da multiculturalidade e da pluralidade das matrizes étnicas, todas tradutoras dos nossos sistemas alimentares.

As descobertas e a valorização das nossas comidas, presentes no artigo de Mário, trazem o desejo de organizar e, em especial, de criar restaurantes de comida brasileira, inclusive em Nova York e em São Paulo.

Próximo ao lançamento do livro *Açúcar*, de Gilberto, Mário de Andrade, sensível aos temas de comer, cita e olha para o açúcar: "[...] o sr. Gilberto Freyre insistiu sobre os doces que [...] ajudam grandemente a dar para o nosso corpo brasileiro um fogo mais permanente [...]".

E digo sobre o açúcar que é preciso mostrar este produto como formador de uma verdadeira civilização, com muitas linguagens e formas de manifestar o que Mário olha e chama de "arte-fazer".

Em "Tacacá com tucupi", embora Mário tenha experimentado as comidas tradicionais do Nordeste, ele mostra uma preferência pelas comidas da Amazônia.

> [...] pode-se dizer que há uma ascensão geográfica quanto ao refinamento e a delicadeza da culinária nacional. À medida que avançamos para o Norte, mais os pratos se tornam delicados [...].

As aventuras etnográficas traçam muitas faces do Brasil, e o sentimento paulistano, e modernista, constrói elementos evidentes de um filtro na exposição dos modos pessoais e do fascínio de Mário com as etnografias das culturas populares.

São todos componentes de um projeto estético modernista que quer, nas manifestações artísticas nacionais, construir suas bases para mostrar um Brasil brasileiro, e principalmente que busca o moderno.

Mário diz: "A rainha do café visitando as regiões Amazônicas e Nordeste".

Isso revela assumidamente um certo olhar estrangeiro que traz referências e experiências paulistanas integradas ao que podemos chamar de buscas de descobertas. Creio que o que é exótico marca também esse certo purismo sobre o Brasil dos povos tradicionais, as idealizações do Brasil.

Mário se deslumbra na Amazônia, e certamente são muitos os motivos, muitos encantamentos com a floresta, com as águas, com os peixes, com a mandioca interpretada no tucupi e na maniçoba. São muitas as maneiras de comer e de beber o Brasil.

> Belém me entusiasma cada vez mais. O mercado hoje esteve fantástico de tão acolhedor. Só aquela sensação do mungunzá! [...] saía a fumaça branquinha do mungunzá branco branco... Tenho gozado por demais.

Nesses encontros com os temas da alimentação, dos regionalismos e das pluralidades, Mário recorre ao intelectual francês Blaise Cendrars, reconhecido pelo seu romance *Moravagine*, e que passou a sustentar que o Brasil tinha uma civilização própria, pois apresentava uma culinária completa e específica. Na busca por mostrar a nossa culinária multicultural brasileira, Mário diz:

> O importante é que fundindo bases, princípios constitucionais de pratos asiáticos e condimentação africana, modificando neste ou naquele sentido pratos ibéricos, tínhamos chegado a uma cozinha original e inconfundível. E completa.

Em "Tacacá com tucupi", Mário se revela nas descobertas dos temperos e dos novos sabores e, em especial, da comida da Bahia: "O efó preparado à baiana, com muita pimenta e diluído no azeite de dendê, é tão brutalmente delirante que nem somos nós que o comemos, ele é que nos devora".

E, no Nordeste, aprecia outras experiências estéticas e gastronômicas: "O sururu alagoano bem como o dulcíssimo pitu nordestino são espécies delicadíssimas de manjar".

Mario diz também: "Em geral a nossa culinária se dirige também pelas normas do Belo".

É o sentido de "arte-fazer" que também orienta suas interpretações modernistas sobre as comidas, as técnicas artesanais e as memórias, que mostram tantas comidas em tantos diferentes Brasis. E, assim, Mário se depara com a clássica feijoada: "A feijoada, por exemplo, em que o feijão deixa de ser propriamente a base para se tornar o dissolvente das carnes fortes".

O artigo "Tacacá com tucupi" é um evidente revelar da formação cultural dos paladares, das maneiras de se relacionar com os novos temperos e os usos de ingredientes, e tudo isso se traduz na diversidade multicultural brasileira. Este é o meu olhar e meu sentimento opinativo sobre as preferências de Mário para o ato social de comer e de comer o Brasil.

E assim sugere Mário: "Almoça-se pelo Brasil, mas janta-se no Amazonas".

REFERÊNCIAS

ANDRADE, Mário. Tacacá com tucupi. **O Estado de S.Paulo**, São Paulo, 28 de maio de 1939.

ANDRADE, Mário. **O turista aprendiz**. Brasília, DF: Iphan, 2015.

Comida de aproveitamento
O CASO DO VATAPÁ

2020

No cotidiano das cozinhas, vive-se um amplo exercício de aproveitamento de ingredientes, quando novas receitas são construídas a partir das sobras de outras comidas. É a transformação daquilo que já foi uma comida em diferentes pratos que são reorganizados para os cardápios do cotidiano e das festas.

Assim, há uma dinâmica nas cozinhas que é gerada por essa necessidade de não desperdiçar alimentos, em uma relação que envolve o homem, o ingrediente e o meio ambiente com a sua biodiversidade e a comida. Esses temas que dialogam com a natureza são também interpretações da cultura sobre o entendimento do que comer e como comer.

Um célebre exemplo é o vatapá, que, no nosso imaginário, é uma comida relacionada à matriz africana. Certamente, esse sentido/significado daquilo que é dito como africano no Brasil se dá pela associação ao uso do azeite de dendê, ingrediente marcante na cozinha afrodescendente.

A receita do vatapá, criada e adaptada pela mão africana, nasce de um estilo de se fazer açorda à moda de Lisboa, um caldo feito com alhos, coentros e azeite de oliva e misturado ao pão, normalmente "adormecido", que se desfaz, e resulta em uma saborosa massa que pode ser servida como acompanhamento ou como uma receita única, quando recebe o acréscimo de camarões frescos e uma gema crua – e assim vai se assemelhar ao nosso tão nacional vatapá.

Contudo, a receita do vatapá a revela como um prato brasileiro. Na tradição das receitas de vatapá se identifica a ocorrência de diferentes tipos, como vatapá de peixe, de galinha, de porco e de bacalhau. Receitas que já constavam na ementa do período colonial.

No caso do vatapá baiano, o azeite do dendê, o leite de coco, a castanha de caju, o gengibre e a pimenta é o que dá a sua identidade. Já quando nos referimos a essa receita de reaproveitamento de pão em Pernambuco, o uso do amendoim é marcante, o que traz à receita um toque adocicado, e outro diferencial é o pouco uso do azeite de dendê.

O nosso vatapá marca a cozinha da Bahia e de todo o Nordeste. Também no Pará há uma interpretação do vatapá em que a receita recebe uma quantidade maior de camarão, diga-se camarão fresco.

Apesar de tudo, foi o vatapá baiano, inundado de azeite de dendê, que ficou famoso. E há dois estilos na Bahia, o vatapá de mesa e o vatapá de recheio. O primeiro faz parte de um cardápio que harmoniza o vatapá condimentado com arroz branco, ou arroz de coco, sem temperos, e é uma comida de festa, um argumento para se viver a comensalidade e os rituais sociais que agregam os sabores ao sentido de pertencimento a uma comida. O segundo é o que recheia o acarajé, juntamente com os camarões secos, o caruru, a salada e um molho de pimenta cozida que é conhecido como molho nagô. E ele faz parte da comida de rua, do tabuleiro da baiana.

Nesse contexto de reaproveitamento do pão, ainda temos outras receitas também muito conhecidas, como as rabanadas, fatias douradas ou fatias de parida, e o pudim de pão. Além desses muitos usos do famoso pão dormido ou pão amanhecido, não podemos esquecer da famosa farinha de rosca.

Tanto aqui quanto no resto do mundo, há outras receitas que marcam o aproveitamento desse alimento tão ancestral para o homem que é o pão. E a reciclagem desse alimento está também associada à manutenção da segurança alimentar, com cada receita trazendo o seu sentido e a sua representação cultural.

O PODER PATRIMONIAL DOS ALIMENTOS

Patrimônios culturais tradicionalmente não consagrados

2001

O caso dos bens etnográficos e populares

Em um mundo cada vez mais globalizado, interativo e on-line, os valores pessoais – individuais – ganham destaque, ao mesmo tempo que se persegue um verdadeiro ideal de singularidade. Inicialmente, os conceitos de singular, peculiar e próprio podem se unir com o de identidade/identidades como plano de expressão do homem, do seu grupo, da sua coletividade.

> A identidade é evidentemente um elemento-chave da realidade subjetiva, e tal como toda realidade subjetiva, acha-se em relação dialética com a sociedade. A identidade é formada por processos sociais. Uma vez cristalizada, é mantida, modificada ou mesmo remodelada pelas relações sociais. Os

> processos implicados na formação e conservação da identidade são determinados pela estrutura social. Inversamente, as identidades produzidas pela interação do organismo, da consciência individual e da estrutura social reagem sobre a estrutura social dada, mantendo-a, modificando-a ou mesmo remodelando-a. As sociedades têm histórias no curso das quais emergem particulares identidades (Berger; Luckmann, 1978).

O capital simbólico refere-se às relações sociais, ampliando conceitos que chegam do etnocentrismo e passando por "mundo-visões", ou mesmo tocando em maneiras contextuais de expressão, comunicação e conhecimento das coisas pelo olhar holístico, talvez uma reatualização do olhar gestáltico, ou ainda uma busca pelo contextual.

As relações entre nós e os outros, em um plano mais global, são marcadas pela tensão entre a universalidade dos direitos e o pluralismo cultural, de gênero ou de classe, que gera diversidade. A história aponta o colonialismo e o racismo dos últimos dois séculos como o pano de fundo ideológico da Declaração Universal dos Direitos Humanos promulgada após a Segunda Guerra Mundial: "considerando que o desconhecimento e o menosprezo dos direitos humanos deram origem a atos de barbárie ultrajantes para a consciência da humanidade".

Para alguns círculos, deveríamos entrar na era do relativismo cultural, da negação cientificamente comprovada da superioridade da raça branca, do descobrimento da complexidade das culturas até então consideradas "primitivas" ou "selvagens". O reconhecimento da pluralidade dentro da humanidade deveria se converter no antídoto para aniquilamentos culturais a partir de ideologias e interesses que negam às vítimas, explícita ou implicitamente, a qualidade de "ser humano com direitos". Nesses casos, a ideologia dos direitos humanos universais serviria para proteger essas vítimas, potenciais ou reais.

A Declaração Universal logo começou a ser criticada porque a noção de direitos humanos que a inspira seria individualista e ocidental, e a tentativa de estender sua vigência para o mundo todo seria um ato de poder imperialista, discriminador e etnocêntrico. Novamente, ergueu-se o conceito de alteridade como orientador de relações e intercâmbios, principalmente em relação ao respeito às diferenças.

Neste momento, é oportuno introduzir de maneira direta a discussão sobre os "direitos culturais" e a "cidadania cultural". Trata-se, certamente, de bens simbólicos, do direito a ter uma identidade coletiva, de pertencer a uma comunidade. Na realidade, nós, seres humanos, pertencemos não apenas ao gênero humano, mas também a comunidades específicas. Nesse sentido, as comunidades e as culturas, em sua diversidade, são os ingredientes básicos da humanidade e dão sentido e conteúdo ao princípio abstrato da igualdade. A igualdade reside, na realidade, em ser membro de culturas diversas e particulares:

> Não há outro caminho para o universal além do que passa pelo particular, e somente aquele que domina uma cultura específica tem oportunidade de ser entendido pelo mundo inteiro [...]. Uma coisa é certa: o domínio de uma cultura, pelo menos, é indispensável para o florescimento de todo indivíduo: a aculturação é possível e, com frequência, benéfica; mas a desculturação é uma ameaça (Todorov, 1991).

Pertencer a uma comunidade implica estar ligado a outros sentimentos, afetos e identidades compartilhadas:

> Da mesma maneira que não se deve se envergonhar de amar mais os nossos que os outros, sem que isso leve a praticar a injustiça, tampouco deve-se sentir vergonha de ter apego a uma língua, a uma paisagem, a um costume: é nisso que se é humano (Todorov, 1991).

No cenário social em que transitam diferentes planos de identidade, vê-se o individual, o coletivo e o "pancoletivo" em permanentes diálogos.

> [...] as identidades são representações inevitavelmente marcadas pelo confronto com o outro; por se ter de estar em contato, por ser obrigado a se opor, a dominar ou ser dominado, a tornar-se mais ou menos livre, a poder ou não constituir por conta própria o seu mundo de símbolos e, no seu interior, aqueles que qualificam e identificam a pessoa, o grupo, a minoria, a raça, o povo. Identidades são, mais do que isto, não apenas o produto inevitável da oposição por contraste, mas o próprio reconhecimento social da diferença (Brandão, 1986).

Assim, o homem se autorrepresenta, representa, interpreta o outro e estabelece códigos e princípios de representação e de acúmulo de bens materiais, bens simbólicos.

Dessa maneira, compreende-se o patrimônio cultural. Patrimônio não hierarquizado. Patrimônio antropologicamente compreendido nos planos da história, das sociedades, da economia, da ecologia, nas produções permanentes e adaptativas dos acervos das culturas.

Ao preservar seu patrimônio histórico-cultural, a sociedade visa ao seu crescimento:

> A vida digna expressa-se num crescimento integral e solidário onde o desenvolvimento humano se compromete consigo mesmo. A vida social – apresenta-se como uma coimplicação dos processos econômicos, cultural, social e político, condicionando o próprio desenvolvimento e transformação (Ferreira, 1981).

Tais valores estão desvinculados do conceito de vulto, monumentalidade ou excepcionalidade. O comprometimento é existencial e simbólico. O patrimônio cultural assume uma fala integradora e de incursão direta à vida. Assim, o monumento não se pode desligar da paisagem, urbana ou natural, que o rodeia; a arquitetura não é independente da pintura ou escultura. Existem paisagens, lugares, sítios e monumentos cuja conservação não pode ser levada a cabo independentemente de um conteúdo espiritual, imaterial, próprio, ou de um contexto firmemente ligado a eles. Uma paisagem pode materializar a lembrança de um acontecimento; o bairro antigo de uma cidade, para conservar todo o seu interesse cultural, não pode ser entendido isolado de certas características ambientais e vivenciais que constituem a própria sobrevivência da consciência coletiva das comunidades que o constituíram e que ao mesmo tempo se representam.

A representatividade de patrimônio cultural nasce da consciência da coletividade. Há edifícios que contam o passado ao presente. Há histórias orais que regulam códigos de ética e de moral. Há tecnologias que circulam nas cozinhas, nas casas, nas oficinas e em tantos outros locais. Há um permanente desejo de fruição e de falas entre tão diferentes linguagens sensíveis, todas patrimoniais.

Contar o passado ao presente é informar como as obras foram produzidas, individualizadas, e como foram integradas a um organismo em contínuo processo de mudança. A forma como a sociedade foi se apropriando do espaço e o conhecimento das mutações da trama espacial levam ao conhecimento da própria história da cidade, por exemplo.

Não se celebra o patrimônio de pedra e cal, busca-se uma compreensão mais ampla e sensível sobre o que é patrimônio cultural, ou melhor: patrimônios culturais.

No caso do Brasil, a nossa formação pluriétnica aponta para peculiaridades, identidades e representações próprias. Isso é patrimônio. Isso é patrimônio cultural.

Retomando algumas reflexões de Mário de Andrade e de outros pioneiros, cumpre ampliar esse olhar, permitindo o reconhecimento pela nação brasileira de sua própria complexidade. É um processo de pesquisa e um debate que devem envolver necessariamente diferentes atores. Nessa conjuntura histórica em que se fala com insistência na importância da sociedade civil, há que saber reconhecê-la em sua heterogeneidade e densidade.

Há, contudo, uma tradição em privilegiar as representações tangíveis da cultura. Assim, objetos, construções e símbolos materializados inundam os repertórios dos indivíduos e grupos.

Um quase culto ao objeto

Cada objeto responde a um sentido de testemunho, lembrança e nostalgia. Está no objeto uma tentativa permanente de recuperar uma sobrevivência tradicional e simbólica.

> Na realidade, não são eles [objetos singulares, barrocos, folclóricos, exóticos, antigos] um acidente do sistema: a funcionalidade dos objetos modernos torna-se historicidade do objeto antigo (ou marginalidade do objeto barroco, ou exoticismo do objeto primitivo) sem, todavia, deixar de exercer uma função sistemática de símbolo (Baudrillard, 1989).

O museu trata o objeto com pruridos de temporalidade, na tentativa de aproximá-lo de um contexto ou do próprio público. O público vê o santo barroco, no entanto não reza diante dele. Contudo, a lembrança do santo barroco abastece o lado fetichista de ver não apenas o santo, mas principalmente o século XVIII, um pouco da história ali retida e simbolizada, o sonho do antigo, o mais próximo do ancestre.

Os objetos fora do sistema industrial – os de função atual – têm motivações fortes por manter valores apreciados, tais como: de estilo, artesanal, rústico, folclórico, antigo ou autêntico.

O objeto contemporâneo, industrial, diante do objeto artesanal, antigo, é fenômeno que arrasta os subdesenvolvidos para os produtos e os signos técnicos das sociedades desenvolvidas. Também as sociedades tecnicistas do mundo Ocidental, do primeiro mundo, veem nos objetos artesanais, únicos, rústicos, uma retomada da humanidade e uma oportunidade de trazer lembranças ancestres da virtude original do próprio objeto. É o mundo anterior, o passado, é a lembrança, o objeto que encarna o mitológico do antigo.

> O objeto funcional é eficaz, o mitológico, perfeito. (Baudrillard, 1989).

O culto ao objeto antigo é um culto à origem, ao mito da origem do próprio homem.

Além da origem, um sonho perseguido pela instituição museu é o da autenticidade. A obsessão pela autenticidade remonta à origem da mãe, da natureza, da divindade, dos mitos criadores, dos mitos geradores, dos mitos da fertilidade. Assim, conforme mais antigos os objetos são idealmente, mais impregnados pelos usuários, pela comunidade, e mais repletos de tradicionalidade, de proximidade à origem étnica, à origem remota do próprio homem.

Por exemplo, assume valor de antiguidade a obra geradora de Mestre Vitalino (Alto do Moura, Caruaru, Pernambuco) – esculturas em barro transformadas pelo fogo, algumas policromadas –, garantindo no conjunto de artistas descendentes uma continuidade do estilo figurativo patrilinearmente por ele inaugurado em técnica e em temática.

O objeto de Vitalino transcende o objeto funcional ou decorativo. Tem virtude ancestre.

> Querer museus com panelas de barro, facas de ponta, cachimbo de matutos, sandálias de sertanejos, miniaturas de almanjarras, figuras de cerâmica, bonecas de pano, carros de boi, e não apenas com relíquias de heróis de guerras e mártires de revoluções gloriosas (Freyre, 1967).

É uma retomada do conceito dos objetos inicialmente não incluídos na sacralidade museológica clássica, por questões sociologicamente identificáveis, mas autores de virtude e força telúrica, que remetem às origens em objetos míticos, funcionais e conviventes dos cotidianos de milhares de pessoas.

Outro ponto significativo circunscrito ao discurso do objeto é o da relíquia:

> A relíquia significa, assim, a possibilidade de encerrar a pessoa de Deus (Baudrillard, 1989).

Não importa o sentimento estético. O ex-voto – uma cabeça entalhada em madeira –, por exemplo, significa uma cabeça, porém o objeto é a atestação do milagre e não apenas uma escultura popular e tradicional.

Outro tema de importância para o museu é a coleção: por afinidades, por origem, por autores, por tendências estéticas, entre outras.

> O gosto pela coleção é uma espécie de jogo passional (Rheims apud Baudrillard, 1989).

Transfere-se o jogo individual para o jogo institucional do museu, como qualquer outro colecionador que busca o objeto complementar da série.

Ainda no conceito de coleção transitam a escolha, o reconhecimento, a posse e a guarda do objeto único. Está também na coleção uma certa nostalgia – objetos anteriores, aqueles que não se incluem na coleção, mas que farão o sentido da série.

O ideal de sobrevivência e continuidade do homem no objeto é a causa e o efeito da concepção intemporal dada ao próprio objeto. É a eternização simbólica que faz um dos motivos da coleção, que se perpetua e continua sempre em busca do objeto complementar.

Está no objeto um símbolo que valorativamente assegura a continuidade da vida.

Contudo, há diferenças marcantes entre a coleção e a acumulação. Creio que a maioria dos museus se encontra enquadrada na acumulação.

Para a compreensão do objeto, o tripé técnica, forma e símbolo é o caminho do etnógrafo, e deverá ser seguido também pelo museólogo.

A técnica é individual ou compartilhada por outros conhecedores do trabalho. Aí distinguem-se organização social, etária, sexual e hierárquica do trabalho. Também o saber e a autoria se combinam com temas e processos ancestrais e originários na própria etnia, nos traços culturais, nas tendências, na consagração de escolas, na inovação, no retorno revivalista de determinado objeto – seu material, forma, cor, textura, elementos decorativos, entre outros aspectos. Volta-se ao uso, retoma-se o sentido ancestre e mitológico do objeto em sua geração de relações com a identidade, com a história e com sentimentos nativistas, telúricos, políticos e religiosos.

Ressalta-se mais uma vez a importância do processo ou de diferentes informações que trazem o caminho do fazer, a temporalidade e a ritualidade do ato da criação, o valor da ação criadora do homem.

O processo e o valor tecnológico, ou mesmo a tecnologia patrimonial, encarnam os indivíduos, o momento, o local, o homem e suas ferramentas e ainda suas possibilidades materiais no fazer e no depor no seu fazer aquela virtude inerente ao objeto, transcendente da história, da função ou do uso social.

> À primeira vista não implica primordialmente um estudo da técnica, mas apenas a recolha de objetos e, se possível, de objetos escolhidos nas diferentes fases do seu fabrico. Estes últimos, quando acompanhados de uma documentação suficiente, são testemunhos infinitamente preciosos que permitirão, em larga medida, reconstituir técnicas propriamente ditas. Na ausência de documentação pormenorizada, ingressam no exército dos testemunhos arqueológicos no reino da tecnologia conjectural (Leroi-Gourhan, 1984).

O objeto sacralizado no museu pelo museu tenta se auferir em suficiência e em capacitação oferecidas pelo próprio museu.

O objeto é a finalidade do museu? Amplia-se a leitura ao processo construtivo. Também se amplia a relação dialética entre a instituição museu e o tema-cerne da instituição, o objeto, a visão convencional e vigente.

O objeto, o autor, a região, um estilo ou uma tendência ganham, na maioria das vezes, significados especiais quando se ampliam leituras e formas de conhecer e, principalmente, integrar diferentes testemunhos à vida, ao cotidiano, aos muitos momentos ritualizados das sociedades.

O popular

Como estudo de caso, trago algumas questões que circulam o tema artesanato, vendo-o aqui, preferencialmente, como um conjunto de legados, em uma leitura virtualmente patrimonial.

 [...] o meu problema do Norte é: como é que o Norte há de ser gente sem deixar de ser Norte. Ser gente significa viver, poder crescer e poder chegar a adulto, sempre curioso dos horizontes do futuro, mais do que do passado, se bem que também estes o fascinem e lhe deem exemplos e alentos, antigos e recentes, para uma certa felicidade possível. Ser Norte, sem deixar de ser gente, significa que esta terra e esta gente se conhece e se reconhece suficientemente e com satisfação, numa dúzia de traços, de formas, de símbolos e de gestos habituais, que lhe alimentam a interação e a comunhão, sem lhe tolher as pernas e as asas para novas fronteiras. Isso se chama ter uma identidade – quando falamos de pessoas –, e ter uma cultura quando falamos de grupos sociais: região, comunidade, nação... (Ferreira, 1981).

A relação entre criador e criação – artesão e objeto – implica um conhecer que fundamentalmente está na técnica aliada à função, que é o desempenho sociocultural do objeto, penetrando o que há de útil e simbólico ao mesmo tempo. Tem ainda ele, o objeto, a suficiência de traduzir em material e forma as marcas do ambiente e da região – sua ecologia.

A imagem inicial e básica que orienta o que é artesanal nasce no plano do fazer, no dominar conhecimentos e tecnologias, tendo na ação de executar com as mãos o que é mais representativo do protótipo do ser artesão, do fazer artesanato, do caracterizar o objeto artesanal.

É convencional situar o uso de ferramentas simples – ou de objetos adaptados – nos trabalhos artesanais; no entanto, dependendo da técnica desenvolvida, o aparato instrumental poderá atingir elaborados conjuntos de objetos-ferramentas e engrenagens. O que importa é que o apoio das ferramentas assuma a condição de prolongamento e de projeção do corpo do homem, multiplicando possibilidades nos atos de transformar e revelando as intervenções que ele, o homem, faz na natureza como indivíduo e tradutor da sua cultura. Assim, o objeto torna-se um testemunho não apenas do conhecimento técnico, mas, principalmente, da visão de mundo, de sua revelação; homem e sociedade dialogando na tentativa de dizer quem se é pelo que se faz, significando para si e para seu grupo valores simbólicos que vivencia em seu modelo cultural.

Vê-se aí a total impossibilidade de se estabelecer parâmetros ou comparações nas rotuladas e chamadas qualidades do artesanato, tais como autenticidade e rusticidade, como componentes necessários ao estabelecimento de um conceito ou conceitos que situem visões externas de produções complexas que se expressam independentemente de teorias e críticas.

Nesse campo, nota-se também outra questão angustiante, que diz respeito à escolha entre a modelagem (repetição de formas) ou a criação, vista como novidade ou revelação. Os compromissos com a manutenção de modelos ou com a incorporação de novos temas na construção de objetos estão assentados além do domínio das técnicas ou das descobertas individuais. O modelo existe como marca da identidade desse momento, a que o grupo realizador pode querer dar continuidade, tendo, porém, autonomia de transformar parcialmente o modelo ou até o substituir por outro. Observa-se, também, nesse âmbito, uma fantasia do típico quando a cultura é vista pelo outro, perpetuando assim aspectos formais que se enquadrem no desejado e almejado conteúdo de tipicidade. Ainda nesse tema, alerta-se para as implicações do comércio, do turismo, do Estado, da moda, da intervenção de intelectuais, dos descobridores de típicos, ora como artesãos, ora como objetos.

As peculiaridades dos grupos de artesãos – artesãos isolados dos vínculos com o comércio, com a comunidade, com o autoconsumo – mostrarão níveis diversos de seguimento ou distanciamento do modelo ou da criação, considerados também algo incorporado ao momento contemporâneo, espécie de ocupação do território da autoria. Existe ainda outro lado, massificante, que exige o cumprimento de modelos desvinculados das realidades locais. Tem-se aí apenas o labor, o trabalho, mas falta o viço da identidade. O repetir um modelo está na utilização de uma técnica para um produto aceito, e a criação, o que há dela, desponta na rebeldia desse modelo como forma transgressora da repetição.

O artesanato, antes de tudo, é o testemunho insofismável do complexo homem-natureza. E é por meio da cultura material que o domínio da técnica e do tipo de objeto dirão o espaço de sua feitura, ora pelos aspectos físicos, ora pela própria ideologia da cultura.

Saber do artesanato desvinculado da vida e principalmente da economia é saber de um artesanato meramente estético, coisa solta do que há de mais importante, que é a transformação da própria cultura. O homem muda. Muda no que faz, quando tudo gira em torno do necessário pelo uso do cotidiano, nos momentos das passagens, nos calendários particulares das comunidades, na festa, no trabalho, na religião, na brincadeira.

O trabalho é outro grande potencial que marca o ser do artesanato, quer nos campos, quer nas cidades, indo das técnicas extrativistas mais primárias ao reaproveitamento da sucata, na reciclagem. Hoje, há crescente presença dos chamados neoartesãos, que, por contingência do desemprego e da geração de grande mão de obra ociosa, tentam, no trabalho artesanal, uma forma alternativa de subsistência, ampliando, e muito, essa verdadeira economia subterrânea que ocupa milhares de pessoas. Esses chamados trabalhos alternativos ou formas alternativas de vida estão voltados para um fenômeno chamado autoexploração, que também está assentado em outro fenômeno de abrangência não menos complexa, que é o da oposição ao não artesanal, como observa Octavio Paz (1997):

> O retorno ao artesanato [...] é um dos sintomas da grande mudança da sensibilidade contemporânea. Estamos diante de mais uma expressão da crítica à religião abstrata do progresso [...].

O artesanato é também a resistência, como forma de evidenciar identidade em oposição à mudança. Mas é importante não tratar o assunto com os equívocos de uma nostalgia programada, buscando eternizar, pelos objetos e técnicas materiais, os símbolos e as marcas de uma cultura. É preciso entender que na memória vivem intenções e conhecimentos das técnicas, e é essa memória que o povo usa, reporta, aproveita e transforma como lhe convém. Daí a importância da delicadeza na política de intervenção do intelectual, que muitas vezes assume postura confortável para ele, mas não para outro, o artesão.

Tão polivisual é o artesanato que nenhuma das faces dessa figura que interessa ao antropólogo, ao economista, ao assistente social, ao desenhista industrial, ao líder do sindicato, ao comerciante, entre outros, poderá merecer tratamento tão exclusivo. Dos trabalhos na área da cultura não se isola o econômico, o político, o religioso, o social. Ou, naqueles trabalhos na área de mão de obra, tem-se que respeitar a criação e o modelo da comunidade, pois o fazer tampouco é isolado dos traços mais identificadores do grupo.

O gesto, a ação, o ritual repetido do fazer, do cumprir as sequências nos tratamentos dos materiais, das tecnologias, das ferramentas, na intenção da forma, da cor, da intimidade do construir um a um cada objeto, definem o território do artesanato, tão amplo que compreende desde o utensílio da casa até a construção da própria casa. Há o encontro das soluções com suficiência para simbolizar indivíduos e comunidades, traduzir desejos e expressões estéticas, vincular produção ao uso individual e familiar, atingindo feiras, mercados, lojas, ou seja, o consumo externo. Assim, a dimensão do artesanato é integrante do nosso patrimônio cultural em uma visão plena, fora da hierarquia do que é tradicional e exclusivamente tido como patrimônio, como testemunho exclusivo das elites econômicas e do poder, como história oficial.

É preciso entender e educar patrimonialmente. Ver, por exemplo, no testemunho do utensílio de cozinha, uma significativa carga de conhecimento, de presença étnica, de função aceita e incorporada pela comunidade, bem como nos implementos da agricultura, da pesca, da transformação da mandioca, da cana-de-açúcar, do milho, do algodão, dos metais, nas construções, nos trajes, nos objetos religiosos, nos transportes, nas casas, nos móveis, nos brinquedos, nas joias, nos penteados, nos alimentos, na pintura corporal – todos acompanhantes da história social do homem, às vezes como símbolo de sua expressão. Pertence ao produtor e a seu grupo o seu patrimônio. Apropriar-se desse patrimônio é vê-lo fora de função, sem moral, sem ética, sem ocupação real, sem fazer parte do perfil da comunidade. Objetos, meramente objetos.

Não há como hierarquizar os testemunhos materiais da cultura; as especialidades das diferentes realidades atestam suas diferentes produções. Incomparáveis, elas encontram seus mecanismos de vivificar a identidade, seja pelo aprendizado, seja pelo uso e conhecimento do significado.

 O valor do tear como peça patrimonial está, pois, na sua capacidade de testemunho, de elemento simbólico, de instrumento pedagógico (Ferreira, 1981).

Usar uma gamela de madeira arredondada para servir amalá para Xangô não é apenas escolha de utensílios; é, antes de tudo, inclusão de uma forma, de um material, de uma peça que integra o aparato material do orixá, dialogando com a gamela e também com outros objetos, formando, assim, um texto simbólico e funcional.

O torno e a mesa do ceramista estão incorporados às conquistas técnicas e do trabalho. Os quadros ou grades das filezeiras, as almofadas de bilros das rendeiras, os bastidores do rendendê, todos eles integram o elenco dos instrumentos de trabalho das rendas de agulha e de bilros. Não apenas o objeto ou o conhecimento, mas também o ferramental do trabalho é tema de análise como valor patrimonial, situando-se no que chamamos de tecnologia patrimonial. Como também o que há de didático nas maneiras informais de transmitir não apenas as técnicas, mas todo o conjunto do patrimônio que garante a continuidade do objeto e do complexo que integra o trabalho em si. O trabalho é dividido por sexo, por faixa etária, significando o que fazer e por quem fazer, marcando tarefas da hierarquia masculina ou feminina, objetos exclusivos de homens, objetos exclusivos de mulheres, passando nas organizações dos trabalhos traços significativos da sociedade, marcando papéis e funções na comunidade.

Outro ponto decisivo na análise do artesanato é o referente à matéria-prima: são as questões da terra, da ecologia, da forma de relacionamento da cultura com a natureza. É a vida, é o trabalho de retirar do solo os alimentos, de marcar com rituais os plantios e colheitas, nos rios, nos mares, na mineração, nos desmatamentos, nos relevos, no uso das encostas, na ocupação humana, traçando seus comportamentos e dizendo, pelo trabalho, quem são, mantendo traços da identidade. O entendimento das matérias-primas não está isolado na extração ou no tratamento do material. Já no desempenho da técnica, cada matéria-prima diz a sua região, a sua natureza, e marca a predileção do homem em utilizar o barro em vez da fibra de palmeira, do saber tratar melhor a madeira do que fiar algodão. Também o uso do lixo, da sucata, reaproveitando, reciclando materiais que, descartáveis para uns, serão neo-úteis para outros, em necessárias funções, no cotidiano de muitas comunidades, ou em momentos cíclicos, sempre funcionais, úteis e simbólicos.

É assim que se quer caminhar entre nostalgia e mudança social em uma relação inseparável homem-produto – plural, pleno e dinâmico. Está no homem o motivo das nossas questões: sua melhoria de vida, o respeito à sua identidade, norteando, assim, nossa conduta no campo da cultura, razão primeira, objetos das nossas preocupações.

> [...] o meu problema no Norte é: como é que o Norte há de ser gente sem deixar de ser Norte (Ferreira, 1981).

A ampliação do próprio conceito de patrimônio cultural e o enriquecimento e flexibilização dos meios e instrumentos de que dispomos fazem parte de uma compreensão mais ampla, desaguando na democratização da sociedade brasileira. Está em jogo a noção de cidadania, a questão dos direitos humanos, assim como, necessariamente, a questão fundamental da memória de uma nação.

REFERÊNCIAS

BAUDRILLARD, Jean. **O sistema dos objetos**. São Paulo: Perspectiva, 1989.

BERGER, Peter; LUCKMANN, Thomas. **A construção social da realidade**. Petrópolis: Vozes, 1978.

BRANDÃO, Carlos Rodrigues. **Identidade e etnia**: construção da pessoa e resistência cultural. São Paulo: Brasiliense, 1986.

FERREIRA, José Maria Cabral. **Artesanato, cultura e desenvolvimento regional num estudo de campo em três ensaios breves**. Porto: Editora Imprensa Nacional; Casa da Moeda, 1981.

FREYRE, Gilberto. **Manifesto regionalista**. 4. ed. Recife: Instituto Joaquim Nabuco de Pesquisas Sociais, 1967.

LEROI-GOURHAN, André. **O gesto e a palavra 2**: memória e ritual. Lisboa: Edições 70, 1984.

PAZ, Octavio. El uso y la contemplación. **Revista Colombiana de Psicologia**, Bogotá, nº 5-6, p. 133-139, 1997.

TODOROV, Tzvetan. **Nosotros y los otros**. México, DF: Siglo XXI, 1991.

Comida & patrimônio
OU FARINHA POUCA, MEU PIRÃO PRIMEIRO
2001

O próprio imaginário popular já aponta e valoriza a relação entre comida e identidade: "você é o que você come", ou "dize o que comes e dir-te-ei quem és", ou "papa-jerimum", para aqueles que nascem no Rio Grande do Norte, e ainda nesse estado os nativos também são chamados de potiguares, derivado de potiguara, que quer dizer "papa-camarões"; "papa-sururu" para os que nascem nas Alagoas; "papa-goiaba" para os que nascem no estado do Rio de Janeiro; ou "papa-hóstia" para as assíduas frequentadoras da igreja, entre outras maneiras de situar homem, comida e lugar e assim apoiar uma construção de pertença, patrimonializando o que se come como uma atestação de cultura e, por conseguinte, de singularidade em contextos tradicionais e globalizados.

O ato imemorial de comer traz profundas referências de lugar, de rituais de fazer e de servir. Pois, quando se come o acarajé, come-se a Bahia, come-se parcela da África ali representada, ou, ainda, quando se come o hot dog, come-se a cidade, o que é urbano.

Comida, rituais de alimentação, sistemas culinários, gastronomia, cozinha/espaço físico, cozinha/espaço ideológico, receituários tradicionais, cadernos, transmissões orais, cardápios para os mais variados segmentos sociais e econômicos, dietas para todas as finalidades e grupos, festivais gastronômicos, cursos técnicos e superiores de gastronomia, nutrição, engenharia de alimentos, especializações *cordon bleu*, concursos de receitas e, ainda, ser chef é fashion, entre muitos outros fenômenos sociais e culturais que fervilham nesse grande caldeirão de amplo interesse midiático que é *o que se come*.

A globalização glamouriza a gastronomia, com destaque à enologia e às chamadas cozinhas exóticas, que desenvolvem novos mercados em verdadeira diáspora de receitas e de sabores.

Ao mesmo tempo, os movimentos de patrimonialização da comida buscam matrizes, emblemas e modelos nas sociedades tradicionais. Buscam também a nação, o povo, o segmento étnico, o típico, o que é regional, o que é do lugar, da assinatura de quem cozinha, onde se come, como se come...

 A tradição é um meio de lidar com o tempo e o espaço, inserindo qualquer atividade ou experiência particular na continuidade do passado, presente e futuro, os quais, por sua vez, são estruturados por práticas sociais recorrentes (Giddens, 1991).

Tudo deságua no lugar da identidade e une-se também ao que se compreende por território. Nas sociedades contemporâneas, o que se chama de identidade está em pleno processo de deslocamento ou fragmentação. Certamente, no olhar patrimonial, buscam-se e até se justificam ações do Estado, enfatizando o conceito de identidade e sujeito, que é importante argumento para o que se entende por identidades culturais – aqueles aspectos das nossas identidades que surgem do nosso pertencimento a culturas, grupos étnicos, linguísticos, religiosos e principalmente na construção do que é nacional. Se há um forte desejo de revelar, salvaguardar, documentar e registrar fenômenos que têm evidente concentração de identidade ou de identidades, é porque nas sociedades contemporâneas, pós-modernas, chega-se ao sentimento da crise de identidade, "a identidade somente se torna uma questão quando está em crise" (Mercer, 1990 *apud* Hall, 2005)

O lugar da identidade no âmbito do patrimônio chancelado pelo Estado é também um lugar escolhido e identificado. Há uma espécie de *atestação* no reconhecimento, uma diplomação que legitima e expõe a categoria "comida e povo" ou "comida é povo". Além da baiana de acarajé, a tacacazeira – vendedora de tacacá –, a tapioqueira – vendedora de tapioca –, ou ainda vendas ambulantes de acaçá de leite, de pamonha de carimã, de doce japonês, de pamonha de milho, de algodão-doce, de maçã do amor, entre tantas outras comidas que funcionalmente são feitas para consumo rápido na rua, todas marcando territórios próprios de representações e de memórias de lugares. Comer na rua e comer em casa provocam diferentes interações de um tema dominante que é "identidade e sujeito".

Comer o sarapatel em banca especial do Mercado de São José, no Recife, ou comer tapioca com a assinatura de notável tapioqueira no Alto da Sé, em Olinda, ou ainda comer o vatapá pernambucano concentrado no amendoim no Buraquinho, restaurante herdeiro do Buraco de Otília, no Recife, é aliar ao ritual de comer a uma marca, grife da tradição do fazer, do servir e especialmente do viver o lugar, o território.

O comer rápido, em muitos casos, encontra-se integrado aos imaginários de lugares, aos cenários das cidades, aos costumes e às memórias ligadas à comida e aos rituais de fazer e de servir. Como também comer rápido é marca dominante da globalização. Assim, as redes internacionais da indústria do sanduíche buscam manter o mesmo gosto, seja em Bangu ou em Paris. Todos comem o mesmo sanduíche, então todos são iguais, como uma hóstia pós-moderna. Aliás, a hóstia sempre marcou lugar de comida globalizada, desde a fundação da Igreja. Inicialmente um pedaço de pão e na sequência uma massa de pão ázimo; pão sem fermento, a mesma massa servida na Páscoa judaica, quando se relembra a fuga do Egito.

Contudo, movimentos internacionais como o *slow food*, de base na Itália, assumem um papel defensor dos rituais à mesa, querendo recuperar também o prazer à mesa, a comensalidade e demais valores agregados aos imemoriais sentimentos de cultivo dos gostos e das sociabilidades em torno da comida.

Isso também é uma busca pela patrimonialização da comida, como se anexada à busca pela identidade, enquanto construções permanentes e dinâmicas de nichos ideológicos. Então o Estado busca assumir esse lugar legitimador, para, de certa forma, recuperar uma trajetória de fazeres, de usos, de costumes e principalmente atender à exigência crescente das representações dos excluídos dos processos econômicos nesse desenvolvimento global.

Dá-se a escolha do que se quer marcar por identidade, e aqui reforço meu olhar para uma leitura-mistura, *mélange* de identidades e de patrimônios que novamente retornam ao ideal de nação, de povo, de território. "A identidade plenamente unificada, completa, segura e coerente é uma fantasia [...]" (Hall, 2005).

A construção do paladar é uma construção da cultura, e assim se formam os conceitos dos sabores, de salgado, de doce, de quente, de frio, não apenas por sensações físicas, mas simbólicas. Assim, o paladar amplia as relações com o mundo representado: estética, compromissos religiosos, códigos éticos e morais, gênero, poder, entre tantos outros.

As muitas construções dos paladares dos brasileiros assumem idealmente uma multiculturalidade, e isso é valorizado na construção patrimonial de gostos e, com certeza, de identidades. São tantos acervos que deságuam na diversidade de culinárias do Brasil, somente comparadas às cozinhas da China, da Índia e do México, cozinhas detentoras das mais variadas representações, receitas, ingredientes, cardápios e comidas.

A globalização que se dá na boca, na busca de comida, já ocorria no final do século XV e especialmente no século XVI, com as grandes navegações de Portugal, singrando mares nunca d'antes navegados, cumprindo o destino histórico de que navegar é preciso, e encontrar novos mercados para atender à necessidade de dar de comer também é preciso.

Para conservar comida e ampliar os períodos no mar, as especiarias assumiam valor comestível e medicinal. Ainda em pleno Renascimento na Europa, o grama do açúcar da cana sacarina equivalia ao grama do ouro.

Canela do Ceilão, cravo da Índia, manga, coco verde e cana sacarina também da Índia, café da Etiópia, África Oriental; inhame da África Ocidental, o dendê da África Ocidental e da África Austral, fruta-pão e jaca da Indonésia, ainda as frutas cítricas, a horta, os legumes organizados em verdadeiros processos civilizatórios dos povos do Magrebe, unem-se ao milho, à batata e à mandioca, nativas do Novo Mundo, das Américas. E assim se dá a construção do gosto, do paladar brasileiro em pleno processo de globalização que aponto como *primeira globalização*. Valoriza-se então uma continuidade, uma autenticação dessa globalização já assumida e construída nas identidades da nação.

> Enquanto isto, foi se mantendo a tradição, vinda de Portugal, de muito quitute mourisco ou africano: o alfenim, o alféloa, o cuscuz, por exemplo. Foram eles se conservando nos tabuleiros ao lado dos brasileirismos: as cocadas — talvez adaptação de doce indiano —, as castanhas-de-caju confeitadas, as rapaduras, os doces secos de caju, o bolo de goma, o munguzá, a pamonha servida em palha de milho, a tapioca seca e molhada, vendida em folha de bananeira, a farinha de castanha em cartucho, o manuê. E o tabuleiro foi se tornando, nas principais cidades do Brasil, e não apenas do Nordeste, expressão de uma arte, uma ciência, uma especialidade das "baianas" ou das negras: mulheres, quase sempre imensas de gordas, que, sentadas à esquina de uma rua ou à sombra de uma igreja, pareciam tornar-se, de tão corpulentas, o centro da rua ou do pátio da igreja. Sua majestade era às vezes a de

> monumentos. Estátuas gigantescas de carne. E não simples mulheres iguais às outras (Freyre, 1976).

Os interesses patrimoniais remontam a muitos outros movimentos organizados, tendo sempre o eixo da identidade um lugar de atenção, um território concreto de ocorrência, digam-se os regionalismos localizados, os tradicionalismos. Por exemplo, o tradicionalismo dos gaúchos, emblematizado no churrasco. São gaúchos no Rio Grande do Sul e são gaúchos em qualquer outro lugar. Identificam-se, além do churrasco, com o chimarrão. Vivem essas experiências de identidade na globalização, na fragmentação do território.

A nostalgia da identidade em tonalidade quase proustiana em busca do feijão com farinha de mandioca perdido é uma das bases do encontro com o que é brasileiro pela boca. Em 2000, vivi com os funcionários da embaixada do Brasil em Paris, que elegeram um sábado de outubro para a tão estimada feijoada, um grande evento de pertença ao que se come, trazendo com a comida o lugar, a história, o reconhecimento, quase espelho da identidade. A farinha de mandioca disputada, juntamente com os salgados de porco e emblematicamente o feijão-preto derramado sobre arroz branco, couve à mineira e generosas rodelas de laranja, davam uma cor também nacional: verde e amarelo.

Esse ampliado valor social e cultural auferido à comida só é reforçado pelas políticas de Estado no reconhecimento do patrimônio como um processo não apenas de conjuntos atestadores da história oficial, dos feitos dos heróis, também oficiais, rompendo de certa maneira o autorretrato e vendo o outro, no nicho preferencial do popular.

> [...] desde 1925, desejoso de que pintores decorassem nossos edifícios e nossas praças com figuras de negros e mestiços, trabalhadores de engenhos, de trapiche, de cozinha e não apenas com perfis, bustos e estátuas equestres de generais, bispos e doutores brancos [...] (Freyre, 1976).

O movimento folclórico dos anos 1940, 1950 e 1960, ao realizar pesquisas eminentemente etnográficas, levantamentos de temas integrados à dança, à música, ao teatro, ao artesanato e à comida, resultou em amplos e importantes acervos documentais, herdeiros dos movimentos de solidariedade entre os povos após a Segunda Guerra Mundial, além da permanente integração com a Unesco. Tudo isso culmina, em 1958, com a criação da Campanha de Defesa do Folclore Brasileiro, para empreender ações por parte do Estado em âmbito nacional em prol da causa popular. No desenvolvimento das políticas públicas, ainda integradas à Unesco, destaca-se, na 25ª Reunião da Conferência Geral da Unesco (1989), a Recomendação sobre a Salvaguarda da Cultura Tradicional e Popular, sendo orientação para os países-membros até 2003 com a promulgação da Convenção para a Salvaguarda do Patrimônio Cultural Imaterial. Em abril de 2006, o governo brasileiro ratificou essa convenção por meio do Decreto nº 5.753, que assim define patrimônio imaterial:

> [...] as práticas, representações, expressões, conhecimentos e técnicas – junto com os instrumentos, objetos, artefatos e lugares culturais que lhes são associados – que as comunidades, os grupos e, em alguns casos, os indivíduos reconhecem como parte integrante de seu patrimônio cultural. Este patrimônio cultural imaterial, que se transmite de geração em geração, é constantemente recriado pelas comunidades e grupos em função do seu ambiente, de sua interação com a natureza e de sua história, gerando um sentimento de identidade e de continuidade e contribuindo assim para promover o respeito à diversidade e à criatividade humana (Brasil, 2006).

O foco da salvaguarda no instrumento legal por parte do Estado, com o Registro do Patrimônio Cultural Imaterial, é sem dúvida a mais importante missão, além da "diplomação", que toca em aspectos ideológicos, do direito cultural, da autoestima, da cidadania, da democracia, entre muitos outros valores estimados em contextos globalizados. A salvaguarda no processo da patrimonialização da comida é um conjunto diverso e complexo de ações, tendo em vista a decisiva compreensão dos contextos e lugares, aqui territórios, que, integrados, dão à comida o seu verdadeiro e fundamental significado.

Diz Claude Fischler (1979):

> O homem é um onívoro que se nutre de carne, de vegetais e de imaginário. A alimentação conduz à biologia, mas evidentemente não se reduz a ela; o simbólico e o onírico, os signos, os mitos também compõem a nossa alimentação.

Confirma-se ao mesmo tempo o valor da identidade tradicional em comunicação com a identidade fragmentada e globalizada, certamente um dos mais profundos desafios do que se compreende por salvaguarda do patrimônio imaterial ou intangível.

Diga-se que o Brasil assume uma longa tradição de valorizar a comida e de ter a comida como um valor agregado ao desenvolvimento social e econômico.

Ainda a Unesco, em Cuba, lança o Projeto Turismo Cultural na América Latina e Caribe (1996), que destaca a urgência de desenvolver e aprofundar a reflexão sobre o patrimônio gastronômico regional, destacando as receitas de cozinha como um bem cultural tão valioso como um monumento.

> Que todos quantos possuírem em casa cadernos ou manuscritos antigos de receitas de doces, bolos, guisados, assados, etc., cooperem para a reunião dessa riqueza, hoje dispersa em manuscritos de família, esforço de que o Primeiro Congresso Regionalista do Nordeste tomará a iniciativa, nomeando uma comissão para a colheita de material tão precioso e digno de publicação.
>
> Aliás o ideal seria que o Recife tivesse o seu restaurante regional, onde se cultivassem a doçaria e a culinária antigas no meio de um resto de mata também antiga e regional como

> a de Dois-Irmãos, onde a pessoa da terra ou de fora se regalasse comendo tranquilamente sua paca assada ou sua fritada de goiamum com pirão e molho de pimenta à sombra de paus-d'arco, de visgueiros, de mangueiras; onde crianças se deliciassem com castanha confeitada, garapa de tamarindo, bolo de goma [...] (Freyre, 1976).

O turismo cultural tem importante foco na comida, além do monumento, do museu, do ideal nostálgico do que é antigo ou histórico. A comida é o "registro sensível" mais direto na compreensão ecológica e cultural de um lugar, uma "conduta alimentária" como forma e emoção de experimentar e viver pela boca a plenitude do território. Continua-se, contudo, tocando em um tema dominante que é o da identidade preferencialmente formada pelo pertencimento a uma cultura nacional. Tentar mapear a história da noção de sujeito moderno é um exercício complexo. A ideia de que as identidades eram plenamente unificadas e coerentes, e que agora se tornaram totalmente deslocadas, é uma forma altamente simplista de contar a história do sujeito moderno.

No caso do ofício das baianas de acarajé e do acarajé como um fenômeno estudado no espaço urbano de Salvador – uma cidade de forte fluxo turístico nacional e internacional, que reúne exemplos do patrimônio tradicionalmente consagrado, ou seja, o de pedra e cal, inclusive áreas reconhecidas como patrimônio da humanidade pela Unesco – sugere ações bem mais elaboradas e compreensões mais aprofundadas pelo que se quer entender como *identidade*, um tema dominante para o plano de salvaguarda do ofício CNCP/DPI/Iphan.

Assim, em vez de falar de identidade como coisa acabada, deve-se falar de *identificação* e compreender isso como um processo em andamento. Sensíveis a essa condição, as ações empreendidas pelo CNCP têm orientado de maneira interdisciplinar futuros projetos que marcam uma contribuição efetiva do Estado nesse importante segmento para a vida da Bahia, do Brasil.

O acarajé-sanduíche, um fenômeno dos anos 1950, posterior à Segunda Guerra Mundial, ainda chamado pelo povo do santo, impondo uma crítica simpática, de "sanduíche nagô", convive com os acarajés mais próximos ao acará da África, iguais àqueles que pude experimentar no bairro da etnia Popo, em Cotonou, Benin, como também atesta a obra de Pierre Fatumbi Verger em muitas fotografias sobre os mercados africanos, destacando sempre o papel da mulher. Esses acarajés são os mesmos comidos no território do Terreiro da Casa Branca, Salvador, na festa de Iansã, Oyá, quando se rememora a cena da mulher no tabuleiro que oferece o acarajé. É a mesma cena da mulher que vende no mercado, que traz à memória e evoca o vodum Aizan, a "dona do mercado", marcando o lugar social e econômico da mulher. É a visão mais próxima do ideal remoto de autenticação de identidade, diga-se, fundida na diáspora, ou mesmo na globalização.

Ainda se convive com os acarajés que estão sendo oferecidos com maionese, ketchup, ou mesmo abará, comida similar e do tabuleiro tradicional, também recheado de bacalhau, o *abaralho*.

Esses são alguns dos desafios do plano de salvaguarda que o Estado traz a si, em responsabilidade conjunta com a sociedade, para empreender ações e principalmente compreender que a identidade fragmentada e híbrida faz as novas identidades globalizadas.

A busca do "emblemático" como quase síntese da identidade concentrada dialoga e se dinamiza nos confrontos do que é global e local – a uniformidade e a diversidade, a indústria e a natureza, o mercado e o autoabastecimento, a modernidade e a tradição, e ainda tocando nos campos da modernidade tardia e dos impactos da fragmentação do território e assim no que é idealmente regional. Certamente, a comida é o fenômeno mais aberto e dinâmico no distanciamento que se dá entre identidade e território. Ao mesmo tempo em que uma baiana de acarajé frita seu acarajé na frente do freguês no Terreiro de Jesus, em Salvador, isso pode ocorrer no Central Park, na Feira Hippie do Rio de Janeiro, ou em uma feira de turismo da Bahia em Tóquio. Contudo, é o mesmo acarajé, é o mesmo ofício, em tão globalizantes espaços. O nicho da identidade chegou e ampliou lugares, territórios que convivem com outras comidas de rua, com outras situações de fast food tradicional ou fruto da globalização.

A comida tem vocação patrimonial de testemunho deslocado em muitos e diferentes movimentos, mas sempre reconhecidos no ideal de lugar, de identidade tradicional. Contudo, creio que um de seus méritos principais é o de atribuir valor de povo, de país, de nação, ainda mais no caso brasileiro, onde se vive uma segunda globalização, agora também virtual. É ainda crendo que o cheiro do dendê fervente chama o espírito e dá desejo ao corpo de se aproximar do tabuleiro. Inicia-se uma conversa: puro, com pimenta, com camarão, com caruru, com vatapá, com salada. E, assim, quente do tacho, exalando África/Bahia, quando o olho comeu primeiro e o tato confirmou o calor, a boca preparada inclui no complexo sistema do corpo aquela comida que vai muito além da comida.

Axé! É o acarajé.

Contudo, lembrando Marcel Mauss, tudo isto a quem interessa?

REFERÊNCIAS

BRASIL. **Decreto nº 5.753, de 12 de abril de 2006**. Promulga a Convenção para a Salvaguarda do Patrimônio Cultural Imaterial, adotada em Paris, em 17 de outubro de 2003, e assinada em 3 de novembro de 2003. Brasília, DF: Presidência da República, 2006. Disponível em: https://www.planalto.gov.br/ccivil_03/_ato2004-2006/2006/decreto/d5753.htm. Acesso em: 29 abr. 2024.

FISCHLER, Claude. Présentation. **Communications**, Paris, n. 31, 1979.

FREYRE, Gilberto. **Manifesto regionalista**. Maceió: Ufal, 1976.

GIDDENS, Anthony. **As consequências da modernidade**. Tradução Raul Fiker. São Paulo: Editora Unesp, 1991.

HALL, Stuart. **A identidade cultural na pós-modernidade**. Tradução Tomaz Tadeu da Silva e Guacira Lopes Louro. 10. ed. Rio de Janeiro: DP&A, 2005.

O melhor sabor das memórias
2022

Como sabemos, um lugar de comer não é apenas um lugar de comer. É, antes de tudo, um lugar profundamente ritualizado dentro das suas muitas relações, que marcam a identidade do cardápio, o serviço das comidas e das bebidas e o comensal.

Tudo para apreciação, inicialmente de sabores; depois para apreciação estética das comidas, em uma espécie de imersão mágica com visão de tudo que está ali disponível na mesa. Assim, este é o momento de trazer todos os sentidos e as emoções para o reconhecimento das memórias dos paladares.

À mesa, vivem-se experiências sensoriais e simbólicas que se misturam, assim como se misturam os temperos para alcançar os sabores, os encontros com os paladares, nos melhores rituais para se poder comer as comidas das memórias, as comidas afetivas, as comidas nos seus muitos significados.

Além disso, o ato imemorial de comer é recorrente nas histórias pessoais do comensal; representam as possibilidades alimentares oferecidas no ambiente, no território. Dessa forma, trago o que se pode chamar de uma rica experiência de ter Pernambuco à boca. E essa experiência faz parte da construção dos saberes patrimoniais das cozinhas populares, que são fundamentais para a manutenção das receitas, seus modos de fazer e de servir à mesa.

Dos anos 1970 a 1980, pude experimentar os melhores sabores pernambucanos, que eram preparados com toda a ritualidade para poder louvar cada ingrediente e para auferir e possibilitar o reconhecimento de cada técnica culinária empregada na organização dos pratos e dos seus acompanhamentos.

As sobremesas – quase sempre guarnecidas de queijo – revelavam uma multietnicidade afirmativa do que é ibérico, do que é português e do que é do Oriente no cravo e na canela para perfumar as frutas em calda, destacadamente a goiaba, a banana, a jaca – testemunhos dos doces muito doces, nos quais verdadeiramente se viviam os engenhos à mesa.

Refiro-me ao antológico e patrimonial restaurante O Buraco de Otília, no Recife, na rua da Aurora, frente ao rio Capibaribe. O Buraco de Otília traz no nome os populares lugares de comer de certas regiões de Portugal: o chamado "buraco", um lugar funcional, onde o principal está na assinatura dos sabores.

Otília assinava magistralmente o seu cardápio com o coco, com a cabidela, com o peixe, com o camarão, com o feijão pernambucano repleto de legumes, com a carne de sol com macaxeira cozida, com a farofa de jerimum bem molhadinha (e mais ainda se acrescentada a manteiga de garrafa). As ofertas se ampliavam no caldinho de feijão, nos doces das frutas da época, no queijo de coalho bem assado, derretido, com o mel de engenho, e nas muitas experiências dos sabores memoriais.

Se a cozinha é a alma do lugar, um território quase secreto das receitas, Otília mantinha os melhores segredos de cada receita, que eram cerimonialmente realizadas na cozinha, lugar sagrado. Antes de as comidas serem servidas, Otília provava de todas as panelas, para só então servi-las no ambiente efervescente do restaurante.

Lembro-me de Otília, uma mulher de cabelos bem negros, com uma bata adequada ao seu ofício, larga e clara. Usava sempre um trancelim com medalhinhas e outros objetos de afeto que eram ali reunidos. Assim ela circulava da cozinha às salas, pois o restaurante ocupava uma casa, originalmente de moradia, e preservava as divisões dos seus cômodos originais.

Esses ambientes estavam repletos de fotografias, enquadradas uma a uma, todas postas nas paredes como se fossem verdadeiros troféus da vida do restaurante.

Otília comandava as suas garçonetes durante o almoço, em uma interação de olhares, e assim tudo acontecia em um ritmo acelerado para atender todas as mesas, sob um comando de matriarca que quer bem-alimentar a todos.

Um ambiente feminino, assumidamente matriarcal, com mulheres na cozinha, mulheres no serviço, mulheres nos rituais da alimentação. Nos serviços nas mesas, eram exclusivamente mulheres que serviam no restaurante de Otília.

Lembro-me, ainda, das batas cor de rosa, uma farda comum para aquelas que bem-serviam e interagiam com os clientes. Aquelas que traziam cerimonialmente cada prato, como um delicioso presente para o momento do melhor encontro entre a idealização da comida e a realidade da comida.

Muita gente na hora do almoço, muitos desejosos pelas comidas à base de coco: peixe ao coco, camarão ao coco, sururu ao coco, lagosta ao coco. Os pedidos se multiplicavam, aceleravam-se os serviços.

E comandas viravam quase uma música que se ouvia continuadamente: "Saindo uma cabidela, mais arroz e feijão, outra cerveja, um caldinho; um café e a conta". Tudo sempre bem acompanhado de uma boa cachaça.

E eu gostava de uma mesa de dois lugares que ficava colada à janela e dava para o rio Capibaribe. E assim podia ver a água, os cenários da cidade do Recife, e sentir a brisa. Tudo isso provocava os meus sentidos e os meus sentimentos, que se ampliavam enquanto eu aguardava a comida e a bebida.

Ali acontecia um momento verdadeiramente mágico, parecia uma quase ficção da qual eu fazia parte naquele teatro culinário, de verdades, de possibilidades de comer Pernambuco. E eu comi, comi muito Pernambuco, pelas mãos de Otília e todo o seu repertório de emoções e saberes culinários que seduziam a todos. Certamente, queria ser seduzido, ou melhor, já estava seduzido pelo Recife, a "cidade-sereia", como a chamou Gilberto Freyre.

Verde sagrado
FOLHAS PARA A BOCA, FOLHAS PARA O CORPO E FOLHAS PARA A ALMA

2024

O jardim dos orixás

> Assim como os católicos têm imagens para seus santos, nós temos alguma coisa para nos lembrar os nossos orixás. Mas não adoramos imagens feitas pelas mãos humanas, como eles fazem. Adoramos a natureza.
> – Ajimudá[1]

A religião dos orixás é profundamente ecológica. Os elementos terra, água, fogo e ar têm valores próprios e fluem entre si, fazendo existir o mundo, os ancestrais e os homens.

---

1 Ajimudá: nome iniciático do famoso babalaô Martiniano Eliseu do Bonfim, um dos líderes do candomblé em Salvador (12 ministros de Xangô. **Estado da Bahia**, Salvador, 19 abr. 1937.)

A compreensão e o respeito pela natureza estão em todos os momentos do cotidiano do terreiro,[2] da comunidade sagrada, que tenta organizar e reorganizar, de maneira minimalista, a vida natural em diferentes símbolos, especialmente no verde das folhas, das árvores, e na sistematização simbólica em áreas preservadas e cuidadas, os jardins, jardins dos orixás.

É uma outra concepção de jardim, assumindo estética própria, estabelecendo hierarquias dos vegetais, muitas vezes pontuados com algumas esculturas em ferro batido, como o chamado ferro de Ossãe, por exemplo. Ossãe,[3] orixá patrono de todas as folhas do mundo, é identificado no seu ferro/ferramenta que formaliza uma árvore cujo tronco é encimado por um pássaro. Pássaro germinal que garante a multiplicação das espécies, de tantas outras árvores, dos vegetais que servem para a saúde e para os rituais religiosos necessários ao equilíbrio entre o homem, os ancestrais e a natureza.

O verde e seus múltiplos usos acompanham os indivíduos cotidianamente nos espaços dedicados ao culto dos orixás, aqui exemplarmente focalizado no modelo candomblé.[4]

O candomblé é um caso patrimonial afrodescendente. O terreiro, área dedicada ao estabelecimento dos muitos rituais, tem voz permanente e interage na sociedade nacional.

---

2 Terreiro: área, território, terreno, geralmente sinalizado por árvores e plantas/folhas sagradas, além de diferentes construções que abrigam os objetos representativos dos orixás – assentamentos – chamadas *pejis*. Há ainda um salão para as danças rituais e festas públicas nominado barracão, e demais espaços, como cozinha, quartos e compartimentos próprios para os períodos de iniciação e obrigações cíclicas que fazem parte do calendário anual da comunidade.
3 Ossãe, ou Ossanin, é um orixá fundamental para a religião dos orixás, pois conhece todas as folhas do mundo e é assim lembrado nas áreas verdes dos terreiros, nos jardins e por toda a natureza.
4 Candomblé: originário do termo banto *kandombile*, que significa "local de culto e oração", formalizando um modelo sociorreligioso que se fundamenta em memorialmente preservar os ancestrais, os orixás, os voduns, os inquices e também os caboclos.

Os valores religiosos integram-se às atividades profissionais, econômicas, filosóficas, culturais de maneira ampla, plural e complexa. Milhões de brasileiros são adeptos do candomblé, constituindo um segmento importante da população.

Os conhecimentos sobre música, dança, comida, roupa, tecnologias diferenciadas somam-se aos conhecimentos fitolátricos, em respeito cerimonial e existencial do verde, sempre sagrado.

A vocação em manter o éthos, que autentica procedência, terras de origem, territórios concretos e outros idealizados, faz coexistir Áfricas relidas e revistas nos processos históricos e culturais de povos do Ocidente, Centro-Ocidente e Oriente, sociedades que se unem ao Brasil por tradições e costumes fundantes do ser nacional.

A organização de modelos etnoculturais distingue territórios africanos, que nos candomblés são chamados nações,[5] orientando os rituais, os comportamentos, e estabelecendo "mundo-visões" pelas óticas conceituais das origens, em processos permanentes de preservar identidades e, ao mesmo tempo, abrasileirar e regionalizar soluções sociais e religiosas.

Variado, personalizado, reafricanizado, seguidor da casa-matriz, o terreiro de candomblé mantém a necessidade litúrgica e funcional de conhecer folhas e cultuar árvores, integrando-as nos mais diferentes momentos do segredo interno intramuros dos santuários, ou mesmo socializando usos de folhas que ajudam o homem a viver e a encontrar harmonia entre os orixás e a natureza.

Folhas nativas, outras trazidas pelo colono oficial português nos seus contatos com Índia, China, Indonésia e outras culturas do Oriente, e as

---

5 Nações: não são transculturações puras ou simples; são expressões e cargas culturais de certos grupos que viveram encontros aculturativos intra e interétnicos, tanto nas regiões de origem quanto na acelerada dinâmica de formação da chamada cultura afro-brasileira. Hoje o candomblé, entre outras, apresenta as seguintes nações: Kêtu, Nagô, Ijexá, Jeje, Angola, Congo, Angola-Congo, de Caboclo.

folhas africanas juntam-se para formar o acervo verde dos terreiros. Um repertório botânico integrado funcionalmente à vida social e religiosa.

As diferentes culturas africanas assimilaram folhas exóticas que se aculturaram em usos e representações para os orixás.

Os orixás têm suas folhas especiais e também são identificados em algumas árvores, servindo de morada e altar para serem reverenciados por leituras de textos sagrados – *orikis* –, pelo oferecimento de comidas especiais e pelo ato de vestir, adornar os troncos com tiras de tecido – *ojás* –, geralmente na cor branca.

Há, sem dúvida, falas simbólicas e úteis entre o homem e a natureza; no caso, a natureza verde, como também ocorrem rituais externos no mar, nos rios, nas cachoeiras, nas lagoas e em demais locais que tenham referências com o orixá, sua história e o mundo natural, ecológico.

Além da área verde do terreiro, outras áreas extramuros são também importantes, como florestas, bosques, montanhas, que assim se aproximam de alguns locais no continente africano aqui adaptado e relembrado no circuito dos rituais e da sacralização de alguns nichos que retomam valores de origem, sempre buscando conexões e significados para com os orixás.

Tão amplo e criativo é o processo afrodescendente que o mais notável orixá das folhas, que é Ossãe, tem no tabaco (*Nicotiana tabacum* e *Nicotiana rustica*), espécie americana, um dos seus mais significativos ícones verdes.

Contudo, outras espécies botânicas são fixadas e memorialmente preservadas, como é o caso do dendezeiro, uma árvore fundamental para o culto dos ancestrais e dos orixás.

Tudo no dendezeiro (*Elaeis guineensis*)[6] é útil, servindo para a alimentação e para os vaticínios mais tradicionais com os frutos – *ikins*.

---

6 Dendezeiro: conhecido na África por diferentes nomes, assume função social e econômica que marca ampla área desse continente, recebendo também no Brasil

Por isso, retirar uma folha, coletar frutos, entrecascas e outros componentes de árvores como o dendezeiro, a gameleira (*Ficus doliaria*), a jaqueira (*Artocarpus integrifolia*), a mangueira (*Mangifera indica*), a cajazeira (*Spondias mombin*), entre outras, exige respeito e cuidados, fazendo com que as relações homem e planta ocorram seguindo princípios de preservação ecológica, mantendo a integridade das espécies botânicas, pois o verde é indispensável ao cotidiano e ao momento episódico de um ritual; e assim será protegido e sempre valorizado.

São centenas de folhas, *ewe*,[7] que formam os estoques que circulam nas feiras, nos mercados e especialmente nas áreas cuidadas, jardins, integrados ao amplo conjunto simbólico dos terreiros. Para o terreiro ou para a comunidade afrodescendente, o conceito de jardim inclui um sentido eminentemente funcional no qual o estético é orientado pelos conjuntos de certas folhas e pela sinalização monumental de árvores escolhidas para assim formar um texto verde, valorizado e preservado por todos.

Cuidar das folhas, adornar e cultuar as árvores sagradas exige um profundo conhecimento sobre tradições religiosas e o cumprimento de rituais que indicam hora e forma de colheita e ainda obrigam a dizer o nome próprio de cada espécie em língua africana, no caso em iorubá, fazendo com que a folha e a árvore entendam o pedido e possam propiciar e distribuir o axé,[8] axé verde, axé da natureza.

---

nomes populares e usuais em polos de concentração, como no Recôncavo da Bahia, no Rio de Janeiro e no Recife. Um dos principais produtos é o azeite de cheiro, epô, óleo, óleo de dendê ou óleo de palma. Quanto ao nome "dendê", é decorrente de *dendém* (Kimbundo). No ocidente africano é chamado de *ade-koi*; *adersan* na Costa do Marfim; *abobobe* em Gana; *de-yáyá*, *de-kla*, *de-ghakun*, *votchi*, *fade* e *kissede* no Benin; *di-bope* e *lissombe* em Camarões; e o já citado *dendém* em Angola. Para os terreiros, o dendezeiro é conhecido como *igi-opé*, e as folhas desfiadas – mariôs – estão nas indumentárias, especialmente nas do orixá Ogum, e na arquitetura.

7 *Ewe*: termo iorubá que significa folha, abrangendo um conceito ampliado para o verde na natureza.

8 Axé: energia, força vital, elemento comum ao mundo e a todas as coisas do mundo, significando também uma saudação e cumprimento de votos de felicidade ou de agradecimento.

Entre as espécies mais usuais e por isso indispensáveis para usos medicinais e litúrgicos estão: carrapicho (*Acanthospermum hispidum*), bredo (*Amaranthus viridis*), picão (*Bidens pilosa*), urucum (*Bixa orellana*), folha-da-fortuna (*Bryophyllum pinnatum*), obi (*Cola acuminata*), peregum (*Dracaena fragrans*), pitanga (*Eugenia uniflora*), alfazema (*Hyptis pectinata*), goiaba (*Psidium guajava*), mamona (*Ricinus communis*), alecrim-do-campo (*Scoparia dulcis*), pimenta-da-costa (*Xylopia aethiopica*), manjericão (*Ocimum americanum*), colônia (*Alpinia speciosa*), espada-de-ogum (*Sansevieria zeylanica*), guiné (*Petiveria alliacea*), acocô (*Newbouldia laevis*), aroeira-branca (*Lithraea molleoides*), erva-tostão (*Boerhavia hirsuta*), jurubeba (*Solanum paniculatum*), orogbo (*Garcinia kola*), pinhão-roxo (*Jatropha gossypiifolia*) e tapete-de-oxalá (*Peltodon t. Pobl. Labiatae*).

O conhecimento sensível e patrimonial dos terreiros de candomblé e de seus muitos adeptos tem papel fundamental na preservação da natureza por meio de significações próprias e relações sempre ungidas de preceitos e valores sagrados, fazendo com que uma gameleira não seja apenas uma árvore, e sim a representação viva do orixá Iroko,[9] que a jaqueira seja a morada de Apaoká,[10] que a pitangueira seja uma folha dos orixás Ogum[11] e Oxóssi,[12] que os obis e orogbos sejam frutos indispensáveis à comunicação entre os homens, ancestrais e orixás.

---

9 Iroko: ou Roko, também conhecido por Loko, Adanloko, Atanlok, Léléloko, Lokozoum, divindade que patrocina os fenômenos do tempo. Seu culto é dos mais antigos nas tradições religiosas dos orixás. Tão grande é sua importância que um texto sagrado situa bem o alto significado da árvore: *atin alomape* – a árvore que não se pode rodear com a mão.
10 Apaoká: orixá cultuado na árvore, relacionado com a família mítica de Xangô – senhor do fogo, dos trovões e da justiça –, daí o adorno da jaqueira ser em tecido de cor vermelha, cor de toda a linhagem de Xangô na África e no Brasil.
11 Ogum: orixá civilizador dos iorubás, representa o guerreiro e o agricultor. É aquele que ensinou o homem a transformar os metais.
12 Oxóssi: orixá caçador, das matas, também conhecido como Odé, domina o mundo verde, juntamente com o orixá Ossãe e seu auxiliar Aroni.

É assim: plural, complexo e integrado, o verde sempre sagrado nas tradições e nos saberes afrodescendentes. Aí os jardins retomam e vivificam a natureza, sempre valorizada, pois *Kossi ewe, kossi orixá!* – "Sem folha não há orixá". Também sem folha não há intercâmbio entre os homens, os ancestrais e os orixás.

Pois folha é vida, é tradição e é cultura.

Já dizem os textos sagrados dos terreiros, transmitidos pela palavra: "antes dos homens acreditarem nos orixás, já acreditavam nas árvores".

REFERÊNCIAS

CORRÊA, Pio M. **Dicionário das plantas úteis do Brasil e das exóticas cultivadas**. Rio de Janeiro: Imprensa Nacional, 1926.

FERRÃO, José E. Mendes. **A aventura das plantas e os descobrimentos portugueses**. Lisboa: Instituto de Investigação Científica Tropical, 1993.

LODY, Raul. Árvores sagradas: etnografia e ecologia no candomblé, no xangô e no mina Jeje-Nagô. **Comunicações do ISER**, Rio de Janeiro, v. 10, n. 40, 1991.

LODY, Raul. **Candomblé, religião e resistência cultural**. São Paulo: Ática, 1987.

LODY, Raul. **O povo do santo**. Rio de Janeiro: Pallas, 1995.

LODY, Raul. **Tem dendê, tem axé**: etnografia do dendezeiro. Rio de Janeiro: Pallas, 1992.

PIERSON, Donald. **O candomblé da Baía**. Curitiba: Guaíra, 1942.

VERGER, Pierre Fatumbi. **Ewé**: o uso das plantas na sociedade Iorubá. São Paulo: Companhia das Letras, 1995.

"Estar de saia"
ROUPA, IDENTIDADE E TABULEIRO

2001

A complexa organização das roupas tradicionais que compõem o que conhecemos como roupa de baiana recorre a amplos e diversos imaginários sociais. Assim, as roupas e suas funções podem ser entendidas na vida cultural afro-baiana.

As joias sempre identificaram o lugar da mulher afro-baiana nas suas muitas relações com o trabalho e com a religiosidade. É o que demonstra o trecho a seguir, extraído de *Notícias soteropolitanas e brasílicas*, do cronista Luiz dos Santos Vilhena, compilado que descreve o cotidiano de Salvador nos anos finais do século XVIII.

> As peças com que se ornam são de excessivo valor, e quando a função o permite aparecem com suas mulatas [...] vestidas com ricas saias de cetim [...] e tanto é o ouro, que cada uma leva em fivelas, cordões, pulseiras, colares ou braceletes e bentinhos [...] (Vilhena, 1921).

Na composição das roupas de baiana, cada turbante tem um sentido e um significado, como relataram, no século XIX, os viajantes Carl Seidler e Daniel Parish Kidder e James Cooley Fletcher.

> As mulheres usam geralmente uma camisa de algodão, sem mangas, arrepanhada por um cinto, e um pano de cor que enrolam artisticamente à cabeça, como um turbante. Mas as escravas que os senhores mandam à rua para vender água, doces ou frutas, levam em regra vestidos de chita, muito limpos, enfeitados com fitas na cintura e às vezes com lenços de seda ao pescoço (Seidler, 1961).

> Provavelmente se encontrará uma alternativa crioula negra "mina", que se gaba de ser chamada pelo nome de "baiana". Seu turbante, seu xale, seus ornamentos e graça nativa inatingível pela moda moderna (Kidder; Fletcher, 1941).

As roupas são organizadas com diferentes peças de tecido: camisa ou camisu, bata, anáguas, saias, pano da costa, entre outros elementos de representação do lugar social da mulher. Destaque para as chinelas à mourisca, no relato do explorador Robert Avé-Lallemant, registrado no final dos anos 1850.

> O busto nu, envolto na camisa alva de neve – feita do mais macio dos tecidos, exageradamente bordada e com rendas na fímbria – graciosas chinelas brancas calçando-lhes os negros pés nus que a saia muito curta deixa ver até acima do tornozelo; na cabeça, um pano de turbante [...] – assim foi que vi muitas negras minas na sua fatiota domingueira [...] (Avé-Lallemant, 1961).

Assim, com todos esses elementos visuais de usos e de significados especiais, nascem as roupas do ofício que consagramos em chamar e valorizar como baiana de tabuleiro, baiana de acarajé ou, simplesmente, baiana.

REFERÊNCIAS

AVÉ-LALLEMANT, Robert. **Viagem pelo Norte do Brasil no ano de 1859**. Rio de Janeiro: Instituto Nacional do Livro, 1961.

KIDDER, Daniel Parish; FLETCHER, James Cooley. **O Brasil e os brasileiros**. v. 2. [S. l.]: Companhia Editora Nacional, 1941.

SEIDLER, Carl. **Dez anos no Brasil**. Belo Horizonte: Itatiaia; São Paulo: Edusp, 1980.

VILHENA, Luiz dos Santos. **Recopilação de notícias soteropolitanas e brasílicas, contidas em xx cartas**. Salvador: Imprensa Oficial do Estado, 1921. 3 v.

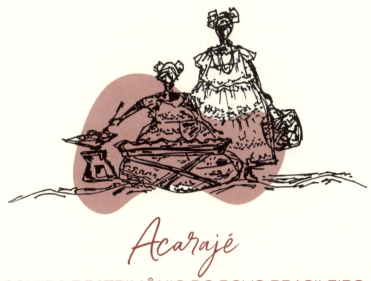

Acarajé
COMIDA E PATRIMÔNIO DO POVO BRASILEIRO
2004

Cada vez mais a comida é percebida e valorizada como uma manifestação de sensibilidade e de comunicação entre as pessoas.

A comida exige todos os sentidos e sentimentos para ser verdadeiramente integrada ao corpo e ao espírito.

Na boca começa o coração. É justamente na boca, apoiada pelos sentidos da visão, do olfato, da audição e do tato, que a comida é integralmente entendida, assimilada e cerimonialmente assumida, ganhando valor simbólico.

Comer não é apenas um complexo ato biológico, é antes de tudo um ato tradutor de sinais, de reconhecimentos formais, de cores, de texturas, de temperaturas e de estéticas. Pois comer é um ato que une memória, desejo, fome, significados, sociabilidades e ritualidades que dizem da pessoa que ingere os alimentos e do contexto em que vive, em comunicação também com os demais que participam do momento do ato de comer.

O valor cultural do ato de comer é, cada vez mais, entendido como um ato patrimonial, pois a comida é tradutora de povos, nações, civilizações, grupos étnicos, comunidades, famílias, pessoas.

O sentido de pertencer a uma sociedade, a uma cultura, nasce primordialmente no falar um idioma e em receitas, pratos, hábitos cotidianos da comida. É então a comida um "lugar" que define e aufere à pessoa o seu pertencimento, ou seja, uma identidade, a partilha de um modelo que reúne ética, moral, hierarquia, e que define papéis sociais de homens e mulheres.

O amplo conceito de pertencimento no Brasil nasce na compreensão da forte presença dos povos africanos na formação social e cultural da nossa civilização.

A África está presente principalmente nas escolhas e nas formações de receitas que fundamentam as comidas, particularizando e construindo o paladar do brasileiro.

A formação social e cultural do brasileiro é entendida pelo que se come e como se come. A nominação de produtos, ingredientes e temperos aponta para a diversidade de povos e de civilizações que integram a nossa mesa e os nossos hábitos alimentares.

O homem português, um homem multicultural e mundializado, aproximou o Ocidente e o Oriente, trazendo da Índia, da Indonésia, da China, do Ceilão, da África e de outras localidades os alimentos que facilitariam as longas viagens por mares nunca dantes navegados. Pois navegar é preciso.

Assim, a boca do brasileiro, desde as suas primeiras relações com a Europa e a África, é enriquecida com sabores de diferentes partes do mundo.

A partir do século XVI, o nosso gosto é um gosto mundializado com a chegada colonial, fortemente baseada na cana-de-açúcar.

Produtos da Ásia, como a própria cana-de-açúcar, as farinhas de trigo, o queijo, as pimentas secas, entre outros, são até hoje conhecidos como "do reino". Farinha do reino, queijo do reino, pimenta-do-reino são produtos que chegaram pela mão do homem português.

Outros produtos são chamados de "da costa", marcando procedência africana. Pois tudo que chegava do continente, também além-mar, pelo Atlântico, era conhecido como da Costa Africana ou da Costa dos Escravos.

O inhame, por exemplo, continua sendo chamado de inhame-da-costa, especialmente no Nordeste. Outros produtos são também conhecidos da mesma forma, como búzio da costa, palha da costa, pano da costa, pimenta-da-costa, determinando, além dos produtos assim conhecidos, os povos e as culturas da África que chegaram ao Brasil e que construíram, decisivamente, as nossas identidades de nação.

O dendê, usado no tão celebrado azeite de dendê, marca e identifica um sistema de alimentação africana no Brasil. Está presente em ampla e variada culinária, reunindo dezenas de pratos, tais como vatapá, caruru, efó, feijão-de-azeite, farofa amarela, xinxim de galinha, moqueca de peixe, abará, acarajé, entre muitos outros.

Dos muitos pratos de matriz africana, o acarajé é um dos mais importantes, tanto pelo que significa em âmbito social e religioso quanto pelo que significa na afirmação de uma longa tradição de vender comida na rua, no caso com a baiana de acarajé.

A venda de acarajé no tabuleiro é uma permanência econômica dos "ganhos", atividade que acontecia desde o período do escravagismo, quando mulheres iam para as ruas oferecer pratos salgados e bebidas artesanais, entre elas o *emu* (o vinho de palma, ou vinho de dendê).

O acarajé, no processo histórico dos povos africanos no Brasil, marca o estado da Bahia e em especial a cidade de Salvador. Há uma profunda identidade do acarajé com o povo baiano e suas muitas tradições culturais.

O acarajé é uma comida preparada com um tipo de feijão, que recebe o nome popular de fradinho, cebola, sal e azeite de dendê.

O feijão é limpo, lavado e passado por um moinho; a massa, acrescida de cebola ralada e sal, deve ser muito bem batida para manter a consistência necessária para a fritura.

O acarajé, em formato de bolinho, comportando o formato de uma colher de sopa ou ampliado, é posto a fritar no azeite de dendê fervente.

Deve ser comido quente, puro ou acrescido de molho de pimenta, vatapá, caruru, salada ou camarão defumado, formando um verdadeiro sanduíche, popularmente chamado de "sanduíche nagô".

O acarajé está presente no cardápio sagrado do candomblé, sendo comida especial do orixá Xangô, integrando um importante imaginário das comidas de dendê na formação de uma gastronomia dos terreiros.

Os acarajés oferecidos aos orixás têm formatos especiais e são ritualmente colocados nos santuários com outras comidas.

Na cidade de Salvador, comer acarajé no final de tarde é um costume que pontua o cotidiano, pois é também o encontro, o reencontro, auferindo ao alimento valor inegável de sociabilidade. O tabuleiro é a referência. Acarajé frito na hora, dendê fervente, aproximando devotados consumidores desse bolinho que é a Bahia pela boca, sendo refeição, refeição complementar ou lanche, o que também acontece com o abará, o bolinho de estudante, as cocadas, os bolos, entre outras delícias da venda pública e profundamente cerimonial no tabuleiro.

O acarajé nomina também um dos rituais mais importantes dos terreiros de candomblé. É o conhecido acarajé de Iansã, quando, no barracão, salão de festas ou espaço público, os acarajés são distribuídos a todos os presentes, ofertas feitas pelos orixás, pelas pessoas em "estado de santo", Iansã ou Oyá, comemorando assim sua festa, seu momento religioso, quando o alimento é a comunicação mais direta e eficaz entre a divindade e o homem.

Sem comida não há festa. Falar de festa na Bahia, em Salvador, é falar de dendê, de temperos, de pimentas, de memórias ancestrais africanas nas escolhas dos ingredientes, nos modos de fazer, de servir e de consumir, e principalmente no significar, no traduzir, além do alimento, relações e sentidos com os terreiros de candomblé e com o cotidiano da cidade.

Nas chamadas festas de largo, os tabuleiros e as barracas que também vendem comida e bebida fazem os pontos de reunião para cantar e dançar o samba de roda, fortalecem as relações, rememoram outras festas, celebrando assim Salvador, a fé religiosa com muito dendê na boca, o samba no pé e o corpo liberado para viver integralmente os espaços de uma cidade em festa.

É também festa em casa, tão festa como na rua. Os ciclos acontecem por todo o ano, sendo algumas comemorações mais de largo e outras mais de casa, estabelecendo falas permanentes pela música e, especialmente, pela comida.

Tudo começa no mês de janeiro, no dia 1º, com a tradicional Festa de Bom Jesus dos Navegantes; depois é o Dia de Reis, ou Lapinha, 6 de janeiro; na quinta-feira que antecede o segundo domingo após essa festa é o dia da Lavagem do Bonfim, combinando-se com a Segunda-Feira da Ribeira, um já pré-carnaval, pois fevereiro está chegando.

Inaugurando-se o segundo mês, 2 de fevereiro é dia de festa no mar, de louvar Iemanjá e Oxum com muitos balaios de presentes – flores, fitas, perfumes e tudo mais que integra e identifica o agrado feminino. O mês culmina com o carnaval, desfilando afoxés, trios, blocos, fazendo convites rituais, quando a cidade assume e comunica o momento transgressor e ao mesmo tempo renovador das regras sociais.

Em seguida o Corpus Christi, data móvel, maio ou junho, que para o povo do candomblé é dia de Oxóssi, orixá da caça, da fartura alimentar, o grande provedor do homem e do mundo. Junho, mês de muitas louvações, inicia-se com Santo Antônio, em seguida São João, santo que vive nas fogueiras, nos cardápios à base de milho, sua maior celebração, e São Pedro, identificado no candomblé com Xangô, que também se relaciona com São João. Certamente, santo é santo e orixá é orixá, porém, na vida religiosa e na fé popular, há forte inter-relação que faz viverem e acontecerem as devoções nas casas e na rua.

Julho é mês do caboclo, ancestral da terra brasileira. No dia 2, comemora-se a Independência da Bahia e, assim, o Dia do Caboclo. Agosto é o mês de São Roque e São Lázaro e de rituais coletivos com o alimento-símbolo: o doburu, a pipoca. São os santos que purificam, com grande adesão popular.

Setembro é "tempo dos quiabos", do Caruru de Cosme. Festa dos santos gêmeos São Cosme e São Damião. Nela se oferece o banquete à base de azeite de dendê: feijão-de-azeite, farofa, acarajé, abará, xinxim de galinha, vatapá e, o prato principal, caruru, feito de quiabos, camarões defumados, temperos e dendê. Sem contar os doces, muitos doces, geralmente de coco e outras frutas, além de roletes de cana-de-açúcar.

Dezembro, mês das santas. Dia 4, Santa Bárbara; dia 8, Conceição, carinhosamente chamada de Conceição da Praia; dia 13, Santa Luzia, e depois o Natal e, novamente, Dia de Reis e as festas que vivificam a cidade e seu povo, povo ungido de acarajé. Esse povo da Bahia.

Tão patrimônio como o ouro dos altares.

Heroico! Sim, heroico esse acarajé-símbolo de um patrimônio gastronômico que exala sabor e inclui história, mitologia e significados vários, situando a mulher como agente memorial e provedor das famílias afrodescendentes, destacando seu importante papel social e suas inúmeras falas culturais em contextos da trajetória civilizadora dos povos e culturas africanas no Brasil.

Democraticamente, o conceito de patrimônio cultural amplia-se perante políticas públicas. Compreende-se a cultura de maneira plural e contextual, dedicando aos seus inúmeros realizadores, pela experiência e vivência, e não apenas pela apreciação, um valor mais amplo, como integrantes dos diferentes segmentos culturais que singularizam nossas identidades de povo e de nação.

Tão outros patrimônios, muito além daqueles tradicionalmente consagrados. Tão patrimônios pelo que significam e representam: as muitas diferenças, a alteridade, o direito a se manifestar e se reconhecer em temas e padrões que singularizam, caracterizam grupos, comunidades.

É essa a compreensão mais atual e internacional sobre patrimônio cultural: justamente o que há de particular, próprio e diferente, marca identidade, comunica-se em contextos cada vez mais universalizados.

Tão de valor e importância como uma talha dourada, um santo barroco, a farda militar de um herói, é o acarajé, que tem significado e igual hierarquia entre outras e diferentes manifestações patrimoniais do brasileiro.

O acarajé, por meio do ofício da baiana de acarajé, foi registrado em dezembro de 2004 como patrimônio cultural imaterial brasileiro.

O reconhecimento patrimonial da comida é o reconhecimento da importância dos sistemas alimentares na formação das identidades, na afirmação dos direitos culturais e no fortalecimento da cidadania.

Um olhar gastronômico
SOBRE *IRACEMA*, DE JOSÉ DE ALENCAR

2005

Em comemoração aos 140 anos da publicação de *Iracema*, de José de Alencar, venho olhar a construção do personagem pela interpretação da comida e da bebida nos sistemas culinários formadores do tipo e do lugar simbólico no enredo do romance.

A comida, e tudo que ela representa, constitui um dos nichos mais importantes na construção das identidades dos indivíduos, dos grupos, das comunidades, das regiões e das civilizações.

O olhar idealizado sobre o indígena em contextos românticos aponta para a natureza, matas, animais – aspectos de um sonho gentio que é marcado por referências etnográficas como espaços privilegiados para as cenas e desempenhos dos personagens.

Uma estética dominante nasce dos elementos da natureza e de como alguns desses elementos passam a gerar sociabilidades por meio dos rituais de fazer e de servir comida.

Na primeira descrição de Iracema, a doçura do mel qualifica os lábios da virgem, e assim muitas outras referências chegam para identificar e formar os significados das relações homem-natureza, com destaque para o lugar social de Iracema como guardiã e conhecedora da jurema, nome vulgar da espécie conhecida como *Mimosa hostilis*, ingrediente de uma bebida que faz sonhar, que possibilita contatos mágicos, abre falas simbólicas e penetra nas emoções dos espíritos.

A jurema é celebrada como bebida ritual em muitas manifestações sociorreligiosas chamadas de candomblé de caboclo, no Recôncavo da Bahia, e em outras formas de interpretar e de trazer o imaginário sacralizado do indígena, ainda no Nordeste e em outras regiões.

No prólogo da primeira edição, José de Alencar constrói uma cena de sociabilidades, de referências de gênero e de papéis hierarquizados tendo no buriti o tema principal.

> Os meninos brincam na sombra do outão, com pequenos ossos de reses, que figuram a boiada. Era assim que eu brincava, há quantos anos, em outro sítio, não muito distante do seu. A dona da casa, terna e incansável, manda abrir o coco verde, ou prepara o saboroso creme do buriti para refrigerar o esposo, que pouco há recolheu de sua excursão pelo sítio, e agora repousa embalando-se na macia e cômoda rede.

No capítulo II, Iracema é descrita quase mimeticamente como a natureza.

> Iracema, a virgem dos lábios de mel, que tinha os cabelos mais negros que a asa da graúna, e mais longos que seu talhe de palmeira.

Em seguida, o relato de uma refeição (capítulo III):

> Iracema acendeu o fogo da hospitalidade; e trouxe o que havia de provisões para satisfazer a fome e a sede: trouxe o resto

> da caça, a farinha-d'água, os frutos silvestres, os favos de mel e o vinho de caju e ananás.
>
> Depois a virgem entrou com a igaçaba, que enchera na fonte próxima de água fresca para lavar o rosto e as mãos do estrangeiro.
>
> Quando o guerreiro terminou a refeição, o velho pajé apagou o cachimbo e falou:
>
> — Vieste?

Então, Iracema é apresentada como a guardiã da jurema, marcando seu profundo vínculo com Tupã (capítulo IV).

> — Estrangeiro, Iracema não pode ser tua serva. É ela que guarda o segredo da jurema[1] e o mistério do sonho. Sua mão fabrica para o pajé a bebida de Tupã.

Amplia-se a compreensão de descrições da mata para a construção de outros tipos indígenas (capítulo V).

> — Tupã deu à grande nação tabajara toda esta terra. Nós guardamos as serras, donde manam os córregos, com os frescos ipus onde cresce a maniva e o algodão; e abandonamos ao bárbaro potiguara,[2] comedor de camarão [...]

Alimentos, ingredientes e processos culinários são apontados no texto de José de Alencar (capítulo IX).

---

1 Jurema: árvore meã, de folhagem espessa, que dá um fruto excessivamente amargo, de cheiro acre, do qual, juntamente com as folhas e outros ingredientes, preparavam os indígenas uma bebida, que tinha o efeito do haxixe, de produzir sonhos tão vivos e intensos que a pessoa sentia com delícia e como se fossem realidade as alucinações agradáveis da fantasia excitada pelo narcótico. A fabricação desse licor era um segredo, explorado pelos pajés, em proveito de sua influência. Jurema é composto de *ju*, "espinho", e *rema*, "cheiro desagradável".
2 Potiguara: "comedor de camarão", de *poty* e *uara*. Nome que, por desprezo, davam os inimigos aos pitiguaras, que habitavam as praias e viviam em grande parte da pesca.

> Enquanto Caubi pendurava no fumeiro as peças de caça, Iracema colheu a sua alva rede de algodão com franjas de penas, e acomodou-a dentro do uru de palha trançada.

Novamente, a estética das comidas apoia e identifica Iracema, reforçando sua vocação de ser também um alimento carnal, fruto do desejo sexualizado pelo estrangeiro e pelos indígenas (capítulos X e XI).

> Os róseos lábios da virgem não se abriram mais para que ela colhesse entre eles a polpa da fruta ou a papa do milho verde; nem a doce mão a afagara uma só vez, alisando a penugem dourada da cabeça.
>
> [...]
>
> — O coração de Iracema está como o abati n'água do rio. Ninguém fará mal ao guerreiro branco na cabana de Araquém.

Na busca de uma etnografia de contextualização, o cauim assume o exemplo de bebida comunal, festiva e também preparatória, tão preparatória quanto a jurema, bebida de função socializadora.

O cauim, de *ka'wi*, bebida fermentada entre os tupinambás, ou *caguy*, entre os guaranis, especialmente na faixa litorânea brasileira, é feita por meio da mastigação e salivação da mandioca, o que ajuda a transformar o amido em açúcar. O cauim faz parte de uma longa lista de fermentados de amiláceos insalivados, onde constam também tiquara, chibé, caribe e jacuba — este último termo passou a designar qualquer farinha de mandioca (ou de milho) em água fria.

Os fermentados insalivados distinguem-se das bebidas do gênero paiauaru ou pajuaru, fermentados produzidos através da sacarificação da mandioca pela ação de fungos, com uso da técnica dos beijus mofados diluídos em água para fermentar, ou da mandioca puba, mergulhada na água dos rios para depois ser utilizada na feitura de bolos.

O ritual feminino de preparo do cauim, com as mais belas jovens encarregadas da mastigação da mandioca, foi descrito, entre outros, pelo mais famoso prisioneiro dos tupinambás, o alemão Hans Staden, no século XVI. O cronista Simão de Vasconcelos listou, no século XVII, 32 tipos de cauim, feitos de aipim, banana, caju, milho, abacaxi, batata, mel, jenipapo, alfarroba, taioba, abóbora, mangaba, entre outras matérias-primas. O cauim de mandioca-brava e de batata-doce era chamado caracu. A seguir, uma cena de *Iracema* com a bebida (capítulo XIV):

> Os guerreiros tabajaras, excitados com as copiosas libações do espumante cauim, se inflamam à voz de Irapuã que tantas vezes os guiou ao combate, quantas à vitória.

O homem caçador, provedor, estabelece vínculos com o sagrado (capítulo XVI).

> Cada guerreiro que chega depõe a seus pés uma oferenda a Tupã. Traz um a suculenta caça; outro a farinha-d'água; aquele o saboroso piracém da traíra.

Seguem-se as ofertas, agora a jurema (capítulo XVI).

> Vem Iracema com a igaçaba cheia do verde licor. Araquém decreta os sonhos a cada guerreiro e distribui o vinho da jurema, que transporta ao céu o valente tabajara.

Agora um sinal do Ceará, um símbolo gastronômico que vem do caju, emblemática fruta nativa, telúrica, que integra o imaginário do paraíso tropical (capítulo XXII).[3]

> Poti pôs a mão no crânio do velho e conheceu que era finado; morrera de velhice. Então o chefe pitiguara entoou o canto da morte; e foi à cabana buscar o camucim, que transbordava

---

[3] Alguns tipos de cajueiro: cajueiro-bravo, cajueiro-do-campo, caju-mirim, caju-rasteiro, cajurana, marajoara, sambaíba, caimbé, entre outros.

com as castanhas do caju. Martim contou cinco vezes cinco mãos.

Retomam-se os cenários de uma mata repleta de caças, frutas, água e peixes, um rico acervo de alimentos (capítulo XXI).

> Além da barra da Piroquara,[4] estava mais entrada para as serras a tribo dos caçadores. Eles ocupavam as margens do Soipé, cobertas de matas, onde os veados, as gordas pacas e os macios jacus abundavam. Assim os habitadores dessas margens lhes deram o nome de país da caça.

E, entre os alimentos de maior notoriedade americana e indígena, tem-se o milho (capítulo XXV).

> A alegria ainda morou na cabana, todo o tempo que as espigas de milho levaram a amarelecer.

Outro símbolo da mata, da terra, do que é nativo, é o maracujá, também conhecido como a fruta da paixão (capítulo XXVI).

> Martim sorriu; e quebrando um ramo do maracujá,[5] a flor da lembrança, o entrelaçou na haste da seta, e partiu enfim seguido por Poti.

Agora a pitanga, "vermelho" em tupi, outra fruta apoiando a mimese entre o homem e a natureza (capítulo XXVI).

> Seu lábio gazeou em canto. A jandaia, abrindo as asas, esvoaçou-lhe em torno e pousou no ombro. Alongando fagueira o

---

4 Piroquara: de *pira*, "peixe", e *coara*, "toca".
5 Maracujá: planta americana do gênero *Passiflora*. Nomes: maracujá-das-capoeiras, maracujá-vermelho, maracujá-de-cheiro, maracujá-de-cobra, maracujá-de-estalo, maracujá-grande, maracujá-mirim, maracujá-pintado, maracujá-suspiro, entre muitos outros.

> colo, com o negro bico alisou-lhe os cabelos e beliscou a boca mimosa e vermelha como uma pitanga.

A terra, o lugar, terras do Ceará (capítulo XXVII).

> O imbu,[6] filho da serra, se nasceu na várzea porque o vento ou as aves trouxeram a semente, vingou, achando boa terra e fresca sombra; talvez um dia copou a verde folhagem e enflorou. Mas basta um sopro do mar, para tudo murchar. As folhas lastram o chão; as flores, leva-as a brisa.

Sem dúvida, a mandioca e seus produtos identificam sofisticados sistemas (capítulo XXXI).

> Ela dissolveu a alva carimã[7] e preparou ao fogo o mingau para nutrir o filho. Quando o sol dourou a crista dos montes, partiu para a mata, levando ao colo a criança adormecida.

Frutas, mel, caças, peixes, boa água, milho, mandioca compõem os cenários experimentados pela boca, e assim incorporados em estética experimental, por onde Iracema transita e dialoga com os muitos sinais da mata – uma natureza exuberante, quase paraíso.

Contudo, a *Mimosa hostilis* é o lugar do grande segredo, até hoje experimentado em diferentes rituais de marca indígena e afro-brasileira.

Há ainda no romance uma cuidadosa seleção de produtos todos nativos, da terra, apontando para um trabalho etnográfico formador de cenários realistas para viver o sentido alucinógeno da jurema.

Pois, no texto interno de Iracema, pode-se dizer que sonhar também é preciso.

---

6 Imbu: fruta da Serra do Araripe. É saborosa e semelhante ao cajá.
7 Carimã: uma conhecida preparação de mandioca. *Caric*, "correr", *mani*, "mandioca": mandioca escorrida.

Os sabores ancestrais
LATINO-AMERICANOS

2005

 AO MILHO
Porque é o nosso existir
Porque é nosso viver
Porque ele caminha
Porque ele se move
Porque ele se alegra
Porque ele ri
Porque ele vive o alimento.
— Tradição maia

Homenagens

Quando se chega a algum lugar, é costume pedir licença, permissão, para então ser acolhido, bem recebido.

Então, venho pedir licença aos deuses da terra, em especial aos da agricultura, das águas, da chuva, do fogo e do ar. Pedir boas colheitas, fartura de comida.

Ofereço milho cozido, batata cozida, chicha, folhas de coca e charutos para Pachamama, a Mãe Terra, Senhora dos Andes, a mãe que é o mundo.

Ofereço as primeiras espigas de milho maduro para Xilonen, deusa da espiga de milho maduro; também para Chicomecóatl, deusa da comida, a primeira mulher a fazer tortilha; e ainda a Tlaloc, deus da chuva que se apresenta como a espiga de milho.

Ofereço a mandioca nova, da recém-colheita, para os Wahawkri Muwok, avós da chuva, e que são estrelas.

Territórios

Alguns territórios e fronteiras dos países americanos estão muito próximos de nós brasileiros, mas ainda assim muito distantes, pois o sentimento de "americanidade" ainda não nos invadiu.

Estamos voltados historicamente para o Atlântico, para o Mediterrâneo; cultivamos a Europa e a África e os elos imigrantes com galegos, lusitanos, italianos, alemães, sírio-libaneses, japoneses e outros povos que conformam nossas identidades multiculturais e as nossas muitas cozinhas, plurais, ricas e diversas.

A vida amazônica brasileira nos une à América do Sul, e também nos une ao Caribe. Os nossos povos nativos trazem os maiores sentimentos de pertença às civilizações americanas. Reconhecem, usam e buscam experimentar as inúmeras possibilidades dos recursos da biodiversidade em sistemas alimentares organizados e associados aos desejos míticos que fundamentam essa longa sabedoria ancestral.

As muitas cozinhas americanas, especialmente para os brasileiros, são temas ainda a serem descobertos. Recentemente, as cozinhas do

México e do Peru ganharam lugar nesse mercado glamourizado da gastronomia contemporânea.

Também o reconhecimento da cozinha mexicana como patrimônio da humanidade pela Organização das Nações Unidas para a Educação, a Ciência e a Cultura (Unesco) amplia mercados e busca promover e proteger os saberes tradicionais que estão na agricultura e nas cozinhas.

No momento, o Peru se organiza para solicitar a patrimonialização da cozinha peruana. E creio que muito em breve o Brasil, pela sua diversa e complexa cozinha, será também merecedor desse reconhecimento mundial pela Unesco.

Assim, a "civilização do milho", a "civilização da batata", a "civilização da mandioca", acrescidas de camote/batata-doce, tomate, abacate, papaia, haba/fava, cacau, piña/ananás, formam acervos culinários vividos, transmitidos e reinventados conforme os povos e as culturas. Então, tudo isso possibilita profundas experiências americanas. "Da terra", das Américas.

Milho, maíz

 Escucha: el Tonacáyotl, maíz, nuestro sustento, es para nosotros merecimiento completo. ¿Quién fue el que dijo, el que nombró al maíz, carne nuestra, huesos nuestros? Porque es nuestro sustento, nuestra vida, nuestro ser. Es andar, moverse, alegrarse, regocijarse. Porque en verdad tiene vida nuestro sustento. Muy deveras se dice que es el que manda, gobierna, hace conquistas ... Tan sólo por nuestro sustento, Tonacáyotl, el maíz, subsiste la tierra, vive el mundo, poblamos el mundo. El maíz, Tocacáyotl, es lo en verdad valioso de nuestro ser.
— Códice Florentino

O milho é um dos mais notáveis e significativos elos de memória, de história e de sabedoria ancestral para os povos americanos. O milho traz os imaginários do sol, do ouro, do fogo, como elementos fundamentais para manter os valores de pertencimento aos costumes milenares dos povos nativos das Américas. Assim, com as comidas de milho são preservadas as identidades étnicas e os valores éticos, culturais e nutricionais.

Amplos e diversos são os sistemas alimentares que nascem do *Zea mays*. Nativo e com muitas variedades, cores, formas, sabores e, principalmente, significados, o milho é um verdadeiro patrimônio para os povos americanos.

Sem dúvida, o milho estabelece relações entre o homem e o sagrado, com os deuses. Deuses que são o próprio milho, a espiga de milho.

O milho maduro é uma base para a diversa e complexa variedade de receitas que fazem parte da alimentação do cotidiano e do tempo das festas.

O milho está profundamente integrado à vida americana e, ao ser comido, possibilita uma comunhão permanente. Come-se o sagrado, e assim o homem se torna também um ser sagrado. Homens e deuses que são guardiões do milho, da natureza e das tradições culinárias.

Um caso de destaque, nessa verdadeira "civilização do milho" nas Américas, e no mundo, é a mesa do ciclo junino no Brasil, em especial no Nordeste. Vive-se um rico e variado cardápio à base de milho, com canjica, pamonha, mungunzá, e variados bolos. É o tempo para se louvar os santos de junho: Antônio, João e Pedro. Essas celebrações envolvem milhares de pessoas.

Esses santos populares chegam com as tradições lusitanas e são cultuados com música, dança, teatro e principalmente comida, muita comida de milho.

Nessas festas, são lembradas as antigas tradições sobre o fogo. Assim, com as fogueiras que representam o sol e o poder de fertilização do próprio fogo, há um verdadeiro culto à vida, também um culto ao sol e ao milho.

Batata, papa, camote

Crê-se que as batatas silvestres foram domesticadas há cerca de 8 mil anos por agricultores dos altiplanos e nas encostas próximas do lago Titicaca, entre a Bolívia e o Peru.

Hoje, são mais de 4 mil variedades de batata. São encontradas principalmente nos Andes e integram vários sistemas alimentares americanos.

No consumo mundial de alimentos, a batata é precedida pelo arroz e pelo trigo. A produção mundial de batata atinge 300 milhões de toneladas métricas por ano.

Ainda há cerca de 1.500 outras espécies de tubérculos, também dos Andes, que compõem esse magnífico patrimônio alimentar das Américas. Destaque para: maca, yacon, ahipa, ullaco, oca, mashua, mandioquinha, achira, entre outras.

Tanta diversidade, tantas opções para alimentar as Américas e o mundo. A batata é, na sua diversidade, um alimento fundamental na América do Sul, no continente africano, e na Ásia.

Preservar essa biodiversidade é preservar a própria vida e os seus acervos de cultura e de identidade para os povos americanos.

O Centro Internacional de la Papa (CIP), no Peru, reúne no seu banco de germoplasma uma coleção com mais de 7 mil variedades nativas de batata.

O banco de germoplasma é um acervo/patrimônio da diversidade genética de espécies silvestres e domesticadas que são de interesse para a agricultura e para a preservação da biodiversidade. Esse acervo genético é constituído de sementes, mudas e tubérculos.

Nesse contexto da batata, também se destaca o camote (batata-doce), que integra esse rico e fantástico acervo alimentar americano, também muito presente na mesa brasileira. A batata-doce (*Ipomoea batatas*) é conhecida ainda como boniato, batata-da-terra, batata-doce cubana, entre tantos outros nomes.

Mandioca, yuca

Registros arqueológicos e pesquisas botânicas e genéticas ainda buscam melhores leituras e entendimentos sobre essa raiz fundamental para a mesa do brasileiro: a mandioca. Definidora de uma verdadeira identidade e de um estilo de se comer.

A euforbiácea *Manihot esculenta* recebeu a sua primeira classificação taxionômica por Johann Bauhin, em 1651, na obra *Historia plantarum universalis*.

As raízes da mandioca se assemelham ao formato do nabo, contudo apresentam dois ou três pés de comprimento e espessura de um braço, e sua polpa é branca, como descreveu Joan Nieuhof, em 1682, na *Memorável viagem marítima e terrestre ao Brasil*. As folhas são pequenas, longas, e se desenvolvem em ramos, que os brasileiros chamam de maniçoba, complementa Nieuhof.

Sobre o sabor da mandioca, em 1647, Gaspar Barleus relata, na publicação *História dos feitos recentemente praticados durante oito anos no Brasil*, que se trata de um alimento bastante forte, mais agradável do que o pão para os portugueses.

Vale notar que, durante a ocupação da Companhia das Índias Ocidentais no Brasil, especialmente em Pernambuco, houve muita fome para os invasores, os colonos e os escravos; e certamente a mandioca foi fundamental para a subsistência.

Os neerlandeses, que queriam o nosso açúcar, comiam tudo o que pudesse ser comido. Aí a farinha de mandioca foi a real salvação, pois, agregada aos engenhos de se fazer açúcar, havia sempre uma "casa de farinha".

Sobre os processos artesanais de se fazer farinha da mandioca, Jean de Léry destaca um tipo de farinha que é muito cozida, dura e seca, chamada de "farinha de guerra" ou "uhi antan"; outra é a farinha puba, que é menos cozida e mais tenra; e há ainda a goma, que resulta da decantação da água da lavagem da mandioca. Com a goma se faz o beiju de goma e o carimã – farinha alvíssima – usada para mingaus e bolos.

E há muitas outras opções gastronômicas, como a poqueca, tipo de beiju feito com pimenta e embalado em folha de bananeira; o curuba, beiju acrescido de massa de castanha-de-caju; o beiju-membeca, mais mole; o beiju-tinin, seco diretamente ao sol; e o marapatá, beiju embalado em folha de bananeira e assado sobre o calor do fogo, um tipo de moquém.

Destaque para os enormes beijus chamados de beijuaçu, que têm aproximadamente um metro de diâmetro. Com este tipo de beiju se preparam bebidas como o caxiri e o tarubá. Ainda, o chibé, mistura quase líquida feita de farinha de mandioca, água e açúcar.

A farinha de mandioca é o mais nacional de todos os alimentos nacionais, de norte a sul. Com variedades de texturas e de processos artesanais de fazer farinha. Com temperos de tucupi, de açafrão-da-terra, de coco e de pimentas. Mais grossa, mais fina, mais crocante, mais seca. Tão fina quanto areia de praia. São os estilos e estéticas da farinha de mandioca.

A farinha de mandioca é consumida pura. Para cobrir a feijoada, a anduzada, o caruru de quiabo, a maniçoba, o sarapatel, a galinha de cabidela, acompanhar o churrasco e muitas outras invenções do bem comer.

Da farinha de mandioca nasce uma rica e diversa gastronomia de pirões e de farofas. Farofa d'água, farofa de bolão, farofa de banana, farofa de manteiga e ovos, farofa crua com abóbora cozida, farofa com azeite de dendê, farofa com leite e carne-seca desfiada (farofa de sabiá), farofa com o molho de cabidela, entre tantas outras.

Também há a farofa de prato, que é feita com farinha, um pedaço de toucinho, caldo de carne, de galinha ou de peixe; aí então é só misturar e enriquecer com pimenta.

Já os pirões são feitos com a farinha de mandioca e os caldos dos cozidos, das peixadas, caldos de carne, entre outros. Por exemplo, um tipo de pirão, quase líquido, feito com pimenta-do-reino e ovos, é o popular "mingau de cachorro".

Os pirões recebem acréscimos como peixe desfiado, pimentas frescas, vermelhas e de cheiro. Também há o pirão de leite para acompanhar carnes, como a de sol, ou mesmo uma condimentada moqueca à base de dendê e pititinga.

A nossa farinha de mandioca chega ao continente africano e, entre outras criações, nasce lá um dos pratos mais notáveis de Angola: o funge, pirão insosso para acompanhar comidas condimentadas.

Cacau, cacao

Os sacerdotes da deusa Xochiquetzal relatam que os deuses vieram ajudar os toltecas, especialmente o deus Quetzalcóatl, que plantou nos campos de Tula um arbusto e pediu ao deus Tláloc que o alimentasse com chuva. Assim, o arbusto deu flores e frutos. Quetzalcóatl recolheu os frutos e ensinou as mulheres a torrar e a moer esses frutos, e a bater essa massa na água, daí nasceu o chocolate – bebida exclusiva dos sacerdotes e dos nobres.

Era uma bebida amarga, daí o nome maia, *kakao*, que quer dizer "amargo".

Na época colonial, com a chegada dos espanhóis, foi acrescentado mel, ou açúcar, baunilha, canela e leite, para essa mistura de cacau com água.

No México, são cultivadas as seguintes espécies de cacaueiro: *Theobroma ovatifolium*, *Theobroma angustifolium* e *Theobroma pentagonum*. Com essas espécies é feita a bebida chocolatl.

Hoje, a grande produção mundial de cacau está no continente africano, na Costa do Marfim e em Gana; em seguida, vem a produção do Brasil.

Bebidas da terra

Muitas são as bebidas artesanais integradas aos contextos do cotidiano e do tempo das festas. São bebidas para celebrar.

A chicha nasce a partir da saliva humana. O milho é ritualmente mastigado e, por meio dessa técnica milenar, o amido se torna dulcificado. Isso faz com que o açúcar se transforme em álcool, podendo essa bebida chegar a ter até 8% de teor alcoólico.

No consumo urbano contemporâneo, destaca-se a deliciosa chicha morada, uma bebida industrializada feita a partir de um milho com grãos quase negros.

Outro bom exemplo de bebida é a tequila, bebida que nasce a partir do pulque, suco fermentado de agave. O processo de destilação do maguey, o agave, resulta nessa bebida de identidade mexicana que é envelhecida em barril de madeira para ampliar seus sabores e aromas.

A tequila, desde 1977, é uma bebida industrializada sob proteção da Appellation d'Origine Contrôllée (AOC).

Outra bebida que compõe as identidades dos povos das Américas é o pisco, uma bebida nacional para o Peru e o Chile. É um tipo de aguardente de uvas que tem em média 45% de teor alcoólico.

Americano e profundamente caribenho é o rum. Ele nasce na plantation de cana sacarina e é produzido a partir do melado. É também envelhecido em barris de carvalho, o que lhe aufere cor e sabor especiais.

Como ocorreu com a nossa tão celebrada cachaça, o rum serviu como moeda de troca, durante o processo de escravagismo, com os diferentes povos africanos.

As nossas muitas cachaças mostram estilos, cores, aromas e principalmente sabores que identificam essa civilização do açúcar, que foi fundadora da nossa sociedade brasileira.

Ainda há muitas outras bebidas que mostram costumes e rituais de sociabilidades nas Américas: cauim, caxiri, guaraná, mate, aluá, jurema, todas feitas com processos artesanais que lhes conferem assinaturas e asseguram diversidades de sabores. Por exemplo, o afurá é uma bebida refrescante feita à base de acaçá de milho branco diluído em água e açúcar. O acaçá é um tipo de tamal feito com massa de milho branco embalada em folha de bananeira e sem temperos.

Enquanto o afurá é tradicional na mesa afro-baiana, a Coca-Cola está na mesa do mundo, representando um fenômeno de bebida mundializada que nasceu de ingredientes nativos da América do Sul e do continente africano.

A Coca-Cola surgiu no final do século XIX. É uma mistura da coca com a cola, e vários outros ingredientes. A coca é nativa da América do Sul, e a cola é nativa do continente africano.

A coca é uma planta que está disseminada pelos Andes, chegando até a Amazônia. É conhecida por duas espécies: a primeira, *Erythroxylum coca,* está nos territórios do Peru e da Bolívia; e a segunda, *Erythroxylum novogranatense,* está na Colômbia. O uso tradicional das folhas de coca pelas populações andinas dá-se pelo hábito de mascar essas folhas.

A cola, *Cola acuminata*, também conhecida como noz-de-cola, amplamente difundida na África ocidental, tem como princípio ativo a cafeína, e por isso é um estimulante.

No Brasil, a cola é conhecida como obi, um fruto importado da África, que tem uso litúrgico nas religiões de matriz africana. O obi é para ser mascado. O seu oferecimento é um ato de sociabilidade. É também usado em rituais de vaticínios e nas obrigações para os orixás.

Outros frutos africanos integram esse imaginário no Brasil, tais como: orobô, lelecum, benjericum, atarê (pimenta-da-costa). Todos importados da África ocidental.

No início do século XX, a Coca-Cola foi descocainizada, mas permaneceu a cola, com os demais ingredientes da bebida.

REFERÊNCIA

ARQUEOLOGIA MEXICANA. El maíz. **Arqueologia Mexicana**, México D. F., v. 5, n. 5, maio/jun. 1997.

Manifesto colher de pau

2010

Pela salvaguarda das cozinhas regionais e tradicionais do Brasil, e com respeito aos acervos culinários que são também identificados nos conjuntos de objetos de madeira, metal, fibra natural trançada, cerâmica, entre outros; conjuntos de objetos variados e fundamentais ao ofício de se fazer a comida, que possibilitam a preservação das receitas e ainda preservam a estética de cada prato e o seu serviço em diferentes espaços e ambientes sociais.

Da comida servida à mesa, em banca, sobre esteira, sobre folha de bananeira, e que traz vivências das muitas experiências culturais de comensalidade nos cenários das casas, dos mercados, das feiras, dos restaurantes, dos templos, entre tantos outros.

Pela segurança alimentar e principalmente pela soberania alimentar, o "Manifesto colher de pau" quer valorizar cada objeto e implemento de cozinha e os rituais sociais de oferecimento de comida e bebida como forma de preservação do exercício dos saberes tradicionais e identitários de famílias, regiões, segmentos étnicos e religiões, destacando a compreensão plena da importância técnica e simbólica de cada objeto.

Assim, morfologia, material e função trazem memórias ancestrais que são definidoras das peculiaridades das culturas e dos povos identificados em cada objeto. Objeto vinculado ao que se compreende por "patrimônio integrado", no entendimento contemporâneo de patrimônio cultural imaterial.

Respeitar e manter esses acervos materiais nas cozinhas, bem como nos serviços, garante os espaços de singularidade e de peculiaridade dos sistemas alimentares brasileiros e os acervos significativos dos sabores e da construção dos paladares, ações que se dão no exercício das culturas.

Unir questões sanitárias a esses contextos complexos e patrimoniais deve ocorrer desde que se respeitem as diferenças e características locais. Portanto, devem-se buscar maneiras de mediar e realizar formas de higienização e de reposição de objetos mediante critérios sensíveis e particulares, para que assim seja possível respeitar e salvaguardar tão importantes acervos que formam a nossa identidade de povo e de nação.

A substituição de uma colher de pau por outra de polietileno não é apenas uma mera substituição de colheres, é a substituição de uma história, de um saber, de uma técnica e de um ofício que produz sabores, e principalmente referências de significados, nos contextos dos valores patrimoniais.

Pela preservação dos objetos culinários tradicionais, pelo diálogo com as regras sanitárias e pelo respeito à diferença, à alteridade e à cultura.

Sobre o autor

RAUL LODY é antropólogo, museólogo, curador, escritor, ilustrador, pensador da comida e da alimentação e gourmand. Tem experiências nacionais e internacionais em projetos relacionados à antropologia da alimentação. Coordena, desde 1972, projetos com ênfase na etnoalimentação no território nacional, em países africanos, na Península Ibérica, na Península Itálica e no México. É criador e curador do Museu da Gastronomia Baiana (2006) e do Museu do Açúcar e Doce (2017). Representou o Brasil no International Commission on the Anthropology of Food (ICAF) (2005-2012). É curador da Fundação Pierre Verger (BA) e do Instituto Carybé (BA) e ex-curador do Museu da Cultura Cearense – Instituto Dragão do Mar (CE). Pelo Instituto do Patrimônio Histórico e Artístico Nacional (Iphan), coordenou o projeto de registro patrimonial do Ofício das Baianas de Acarajé. É autor de diversos livros, filmes, vídeos e de mais de mil artigos sobre comida e cultura.

Suas obras *Culinária caprina: do alto sertão à alta gastronomia*, *Brasil bom de boca: temas da antropologia da alimentação*, *Dicionário do doceiro brasileiro*, *Coco: comida, cultura e patrimônio* e *Bahia bem temperada* foram premiadas em diversas categorias no Gourmand World Cookbook Awards nos anos de 2006, 2008, 2010, 2011 e 2015, respectivamente.

Com base na interpretação sobre a comida na obra de Gilberto Freyre, lançou os títulos: *À mesa com Gilberto Freyre* (2004), *Caminhos do açúcar: ecologia, gastronomia, moda, religiosidade e roteiros turísticos a partir* de Gilberto Freyre (2011) e *Cozinha pernambucana em Gilberto Freyre: encontro de povos e culturas* (2013). É coautor do *Dictionnaire des cultures alimentaires* (2012). É também autor de *Comida e identidade* (2018), *Pimentas: histórias, cores, formas e sabores* (2018), *Doce Pernambuco* (2019) e *Comer com os olhos* (2021).

O livro *Brasil bom de boca* foi a referência e o título do enredo da escola de samba União da Ilha do Governador no Carnaval de 2018, no Rio de Janeiro.